AF367793

DE L'UTILITÉ

D'UNE

MISSION ARCHÉOLOGIQUE PERMANENTE

A CARTHAGE

LETTRE

A M. LE SECRÉTAIRE PERPÉTUEL

DE

L'ACADÉMIE DES INSCRIPTIONS ET BELLES-LETTRES

PAR

L'ARCHEVÊQUE D'ALGER

ALGER

ADOLPHE JOURDAN, LIBRAIRE-ÉDITEUR

IMPRIMEUR DE L'ARCHEVÊCHÉ

Avril 1881

DE L'UTILITÉ

D'UNE

MISSION ARCHÉOLOGIQUE PERMANENTE

A CARTHAGE

DE L'UTILITÉ

D'UNE

MISSION ARCHÉOLOGIQUE PERMANENTE

A CARTHAGE

LETTRE

A M. LE SECRÉTAIRE PERPÉTUEL

DE

L'ACADÉMIE DES INSCRIPTIONS ET BELLES-LETTRES

PAR

L'ARCHEVÊQUE D'ALGER

ALGER

ADOLPHE JOURDAN, LIBRAIRE-ÉDITEUR

IMPRIMEUR DE L'ARCHEVÊCHÉ

Avril 1881

DE L'UTILITÉ

D'UNE

MISSION ARCHÉOLOGIQUE PERMANENTE

A CARTHAGE

———

LETTRE

A M. LE SECRÉTAIRE PERPÉTUEL

DE

L'ACADÉMIE DES INSCRIPTIONS ET BELLES-LETTRES

———

SOMMAIRE. — Les richesses archéologiques des ruines de Carthage. — Utilité d'y entretenir une Mission permanente d'Archéologie. — Collége National de Saint-Louis de Carthage. — Le R. P. Delattre.

I. — Création d'un Musée National à Saint-Louis de Carthage. — Commencement de ce Musée. — Collections faites jusqu'à ce jour. — Moyens employés pour les former. — Énumération de quelques-unes des pièces qui les composent. — Moyen pratique de les développer.

II. Un exemple de l'utilité des recherches archéologiques à Carthage. — Rectification d'erreurs graves sur la topographie primitive de

Carthage. — Byrsa. — Traditions anciennes. — Appien, Justin, Virgile. — Critique moderne. — Dureau de la Malle. — Invraisemblance des opinions reçues. — Traditions locales. — CARTAGENNA. — MALGA ou MAGAL, nom probable de la Carthage Numide. — Preuve que Byrsa n'a pas été le berceau de la Carthage Punique. — C'était primitivement un lieu de sépulture. — Ce qui reste à faire pour établir définitivement cette thèse.

III. Autre exemple de l'utilité des recherches archéologiques. — Découverte récente, à Carthage, d'un cimetière d'Esclaves de la Maison des Césars. — Description de ce cimetière. — Probablement cimetière d'une Association funératice. —·Particularités intéressantes pour l'histoire des Esclaves en Afrique et dans les Provinces.

IV. Troisième exemple de l'utilité des recherches archéologiques à Carthage. — Découverte d'un cimetière chrétien primitif. — Qu'était-ce que les *areæ* africaines. — *Area* chrétienne de Césarée. — Description. — *Area Martyrum.* — Les cimetières à ciel ouvert servaient, en Afrique, au culte chrétien, comme les Catacombes y servaient à Rome. — Comment. — Premières découvertes du P. Delattre. — Fouilles récentes. — Leurs résultats. — Cimetière et Basilique de Sainte Perpétue.

V. Intérêt que l'on attachait déjà, il y a un demi-siècle, aux recherches archéologiques de Carthage. — Société fondée pour l'exploration de ses ruines par M. Dureau de la Malle. — Son prospectus. — Ses Statuts.

CONCLUSION.

<hr>

Saint-Louis-de-Carthage, le 15 février 1881.

MONSIEUR,

J'ai eu l'honneur d'entretenir M. Léon Renier, l'été dernier, à Paris, de l'utilité d'une Mission Archéologique permanente à Carthage.

Je l'avais également prié d'en entretenir l'Académie et son savant Secrétaire Perpétuel.

Le séjour que je fais, en ce moment, en Tunisie, et les rivalités ardentes que j'y trouve, me persuadent de plus en plus qu'il y a ici, même dans le pacifique domaine de la science, une question d'honneur national auquel nous ne pouvons rester indifférents. La France est, en vertu d'un traité qui date de cinquante années, propriétaire de l'antique citadelle de Carthage, sur laquelle flotte son drapeau (1). Elle ne doit pas se laisser précéder par les autres nations, dans les recherches d'art, d'histoire, d'archéologie, auxquelles cette terre convie tous ses visiteurs. Nulle part, en effet, on ne trouve à recueillir, sur le même sol, de traces plus intéressantes et plus nombreuses d'un passé illustre. Les civilisations les plus diverses, Numide, Phénicienne, Punique, Romaine, Vandale, Gréco-Byzantine, Arabe enfin, s'y sont succédé. Aussi les ruines de Carthage sont-elles, encore aujourd'hui, une carrière immense et incomparable des plus intéressants débris. Douze siècles y ont puisé, il est vrai (2) ; mais elles réservent encore au nôtre des richesses inattendues.

C'est ce que comprennent les sociétés savantes des autres nations de l'Europe, et particulièrement de l'Angleterre, de l'Italie, de l'Allemagne. Avec une ardeur qui les honore, leurs envoyés parcourent, fouillent sans cesse ces ruines. Ils s'arrachent tout ce que le hasard fait ren-

---

(1) Par un traité conclu en 1830, après la prise d'Alger, le Bey de Tunis a cédé, à perpétuité, à la France, pour y élever un monument national au Roi saint Louis, le plateau de Byrsa, qui était le centre même de Carthage au temps de sa splendeur. Le drapeau français y est arboré.

(2) Depuis la conquête arabe, on n'a cessé d'enlever aux ruines de Carthage tout ce qui pouvait servir à l'embellissement des villes de la Tunisie et du littoral de la Méditerranée : colonnes, statues, marbres précieux, pierres même.

contrer sous la charrue des Arabes, et ils en enrichissent les collections et les musées de leur patrie.

On ne peut, je le répète, que louer une telle ardeur, mais à une condition cependant, c'est d'y trouver un motif de l'imiter et, s'il se peut, de la vaincre. C'est ce que fait votre Académie par les missions qu'elle encourage, et les études dont elle donne le noble exemple.

Mais il me semble qu'outre ces travaux isolés où se rencontrent forcément des interruptions et des lacunes, il serait avantageux et facile pour la France d'avoir, à Carthage même, un centre permanent de recherches. La Providence a semblé lui confier la garde de ces ruines, en plaçant au milieu d'elles un Établissement National français.

J'ai tenté moi-même, dans la mesure de mes forces, la réalisation de cette pensée. En fondant le Collége de Saint-Louis, j'ai chargé les Missionnaires d'Alger, qui le dirigent, de veiller sur les trésors cachés qui les entourent, et de travailler à les découvrir. A la vérité, lorsqu'ils sont venus s'offrir à moi, ils ne pensaient qu'à éclairer les barbares de l'Afrique. Mais je ne crois pas les détourner de leur œuvre, en les chargeant de prouver, en outre, par des faits, à quelques civilisés de notre Europe, que l'Église n'a pas cessé d'être l'amie de la science.

Je dois leur rendre ce témoignage, qu'ils ont tous répondu à mon appel avec zèle. Comme il faut cependant qu'une œuvre, pour vivre et se développer, s'incarne dans un homme, c'est le R. P. Delattre, dont le nom vous est déjà connu, qui a été définitivement chargé par moi de ces travaux d'archéologie. Il a vraiment le feu sacré, comme ses nombreuses communications ont pu le prouver à l'Académie. Aussi n'aurais-je qu'à le louer, si le feu sacré, comme tous les feux, ne consumait ce qu'il touche. J'en fais l'épreuve depuis cinq ans ; et c'est parce que je me vois dans l'impossibilité de continuer de si lourds sacrifices, que je m'adresse à vous, Monsieur, et, par votre intermédiaire, à l'Académie.

Je lui demande donc son appui pour obtenir qu'une Mission Archéologique spéciale et permanente soit annexée, sous la forme qui paraîtra la plus pratique, au Collége National de Saint-Louis-de-Carthage, et confiée au R. P. Delattre, afin de lui permettre de continuer et d'étendre les recherches commencées par lui (1).

Je comprends qu'une telle demande doive être justifiée. Voilà pourquoi je viens vous donner un aperçu de quelques-uns des travaux de ce Père, et des résultats que peut en attendre la science. Je ne dirai pas tout, — je ne le puis pas dans une lettre ; — mais j'en dirai assez, je l'espère, pour gagner auprès de juges si compétents et si éclairés la cause que je défends.

I

L'œuvre première à entreprendre à Carthage, en faveur de l'archéologie, me semble la création d'un Musée National. Une collection établie aux lieux mêmes dont elle réunit et consacre les souvenirs, offre au voyageur, au savant qui est venu les chercher de loin, un intérêt que n'ont pas les musées ordinaires. Elle bénéficie des fatigues, de la longue attente, du travail intime de la pensée qui cherche à reconstituer des mondes disparus. C'est ce que disait déjà M. Beulé, à propos de ses fouilles à Carthage.

---

(1) M. de Sainte-Marie, premier drogman du Consulat général de France, à Tunis, a rempli, durant quelques années, une mission semblable ; mais il a quitté la Tunisie pour occuper, ailleurs, un autre poste diplomatique.

« Je réunissais, dans une des chambres de Saint-Louis,
» les objets de mes fouilles, dans la pensée d'y com-
» mencer un petit musée ; car de tels fragments, qui
» paraîtraient à peine curieux dans un des cabinets de
» l'Europe, sont vraiment instructifs, lorsqu'ils restent sur
» les lieux (1). »

Mais rien n'existait à Saint-Louis, lorsque nous en
avons pris possession, de cette collection première, pas
même son souvenir. Il a fallu tout reprendre à nouveau.
Je vous étonnerai donc, peut-être, lorsque je vous dirai
qu'avec les faibles ressources dont il a disposé jusqu'ici,
le R. P. Delattre a pu commencer un Musée qui, après
cinq ans à peine, ne compte pas moins de six mille
trois cent quarante-sept pièces diverses, provenant toutes
de Carthage ou de ses alentours. En voici la nomencla-
ture, telle que je la relève, par catégories d'objets, dans le
catalogue du Père :

Inscriptions ou fragments d'inscriptions

	puniques		36
—	arabes		2
—	grecques		13
—	latines. { payennes . . .		348
	{ chrétiennes . .		1.530

Statues ou fragments de statues, et de sculptures. 592
Colonnes ou fragments de colonnes, chapiteaux,
   corniches. 150
Vases, lampes, poteries diverses, verres. 1.039
Boulets antiques (2). 112

                    A Reporter. 3.822

---

(1) Beulé, *Fouilles à Carthage*.

(2) J'ai prié, l'année dernière, M. le commandant du *Cassard*, qui
s'y est prêté avec la meilleure grâce, de vouloir bien porter à l'Arse-

Report.	3.822
Monnaies et médailles	2.214
Objets divers, grains, colliers, amulettes, etc. .	311
Total.	6.347

Vous le voyez, Monsieur, c'est là une collection qui devient respectable, et peut-être n'en existe-t-il pas beaucoup, provenant uniquement de Carthage, qui lui soient supérieures. Un tel résultat est donc particulièrement heureux, si l'on tient compte de l'âpre concurrence que nous font les étrangers.

Ce résultat, le R. P. Delattre le doit à un secret bien simple et trop honorable, pour que je ne veuille pas le dire. Un certain nombre de ces objets proviennent des fouilles du Père ; mais la plupart sont dus à son dévouement et à sa charité.

En établissant nos Missionnaires à Saint-Louis, je leur ai confié deux Œuvres principales : l'instruction des enfants que les familles chrétiennes ou musulmanes de la Régence placent dans leur Collége, et le soin des pauvres et des malades. C'est à cette dernière œuvre que le P. Delattre est surtout consacré. Il semble, au premier abord, que la médecine doive nuire à l'archéologie, ou du moins qu'elle ne puisse pas lui servir. Mais leur alliance a produit, au contraire, pour notre Musée, les fruits les meilleurs.

Nos Missionnaires donnent, gratuitement bien entendu, leurs soins aux malades, tantôt à Saint-Louis, lorsque ceux-ci viennent les trouver de loin, tantôt au dehors, lorsque les Pères se rendent, à leur appel, dans leurs pauvres demeures. Le P. Delattre, en particulier, les

---

nal de Toulon, où ils sont à la disposition de l'Académie, quelques-uns de ces boulets trouvés dans un dépôt souterrain, près des anciens ports de Carthage.

soigne avec une patience et une bonté que rien n'altère.
Souvent aussi, tandis qu' « il les soigne, Dieu les guérit »,
et tous les Arabes d'alentour connaissent et aiment leur
tebib (1), comme ils l'appellent. Or, ce sont ces mêmes
Arabes, laboureurs pour la plupart, qui fouillent, chaque
jour, pour leurs cultures, les champs et les jardins qui
recouvrent l'ancienne Carthage ; et comme ils savent que
leur *tebib* n'a au monde que deux passions, celle de la
charité et celle des *k'tiba* (2), après avoir si bien éprouvé
l'une, ils servent l'autre de leur mieux, — pas toujours
gratuitement (ce serait trop demander d'un Arabe, même
reconnaissant), mais du moins avec une bonne volonté
qui assure au Père la préférence sur ses rivaux.

Il en est de même pour les estampages et les copies
d'inscriptions ou d'objets curieux qui se trouvent cachés
dans l'intérieur des maisons et quelquefois jusque dans les
mosquées.

C'est ainsi que le Musée de Saint-Louis s'est enrichi
rapidement de pièces dont quelques-unes sont précieuses.
L'Académie a pu en juger par l'inscription déjà fameuse de
Souk-el-Mis, qui reproduit un Rescrit de l'Empereur Com-
mode sur le colonat Africain, et les cent treize inscriptions du cimetière des esclaves de la Maison Impériale,
que nous avons récemment envoyées à la Bibliothèque
Nationale à Paris. Je citerai simplement, aujourd'hui,
pour en donner une idée, quelques-uns des articles du
Catalogue dressé par le P. Delattre.

SCULPTURE PUNIQUE. Partie supérieure d'une colonne de pierre
grise, haute de 1 m. 85, et de 0 m. 48 de diamètre. Sur cette colonne

---

(1) Médecin arabe.
(2) Écritures, c'est-à-dire, dans le cas présent, pierres gravées ou
sculptées.

est adossé un personnage, debout, haut de 0 m. 95, dont la tête
rappelle celle d'Hercule. A la hauteur des reins, ce personnage
porte une espèce de ceinture pendante, qui tombe sur les cuisses en
formant trois lignes superposées de festons ou d'écailles. Le reste du
corps est nu. Les bras sont brisés ; mais il est facile de reconnaître
qu'ils s'appuyaient jusqu'au coude sur la colonne. Sur ses épaules, ce
personnage porte deux autres figures, plus petites, de 0 m. 27 de hauteur, qui lui sont exatement semblables. Les amateurs d'antiquités,
qui ont vu ce monument, s'accordent à le faire remonter à l'époque
punique. Il a été trouvé à Carthage, entre le village de la Malga et
la petite station de chemin de fer la plus voisine, au mois de février 1880 (1).

Masque égyptien, en terre cuite, haut de 11 centimètres, trouvé,
à 8 m. 50 de profondeur, sur la colline de Junon. Ce masque, remarquable de finesse, était destiné à être suspendu, comme ex-voto,
contre le mur de quelque temple, comme le prouve le trou carré,
pratiqué au sommet, dans l'épaisseur de la couche de terre cuite.

Pièce de cèdre, comptant au moins vingt-cinq siècles, longue
de 0 m. 85 et large de 0 m. 35, trouvée dans l'intérieur d'un tombeau
carthaginois primitif, découvert sur la colline de Junon. Le cœur
seul, sur un diamètre de 0 m. 13, a disparu ; le reste de ce bois est
parfaitement conservé, après plusieurs milliers d'années.

Tête de cybèle, en terre cuite rouge, de style égyptien, ayant
neuf centimètres de hauteur (y compris la coiffure qui est de quatre
centimètres). Trouvée à l'ancien Forum. Fort belle de conservation,
et très-fine de forme.

Torse de statue, haut de 0 m. 75. Reste d'une statue de Mercure,
comme l'indique le coq monté sur une tortue, au pied du tronçon
d'arbre, sur lequel le dieu s'appuie. Cette statue du dieu du commerce
a été trouvée près des anciens ports de Carthage.

Torse de statue, haut de 1 m. 17, admirablement drapé.
Trouvé sur Byrsa, pendant les travaux de construction du Collége
de Saint-Louis.

Tête de déesse, trouvée près de l'ancien Forum. Elle mesure
0 m. 32 de hauteur. Elle est grecque, et d'un fort beau travail. Le

---

(1) Voir le dessin représentant cette figure, qui est peut-être celle
de l'Hercule Punique, aux *Pièces Justificatives* n° II.

visage garde des traces de l'or qui le couvrait sans doute en entier. Les oreilles sont percées d'un trou destiné à recevoir des pendants. On reconnaît sur cette belle tête la place d'une couronne. Plusieurs amateurs d'antiquités ont cru reconnaître, dans cette pièce remarquable, la tête d'Astarté ou de Junon Céleste, protectrice de Carthage.

MOSAÏQUE CHRÉTIENNE, d'un mètre douze centimètres de côté, avec une bordure de 17 centimètres. Au centre, près d'un autel en forme de cippe, sur lequel est un miroir, est représentée une femme, debout, foulant aux pieds un serpent. De sa main gauche elle tient une longue palme rouge, et de sa droite étendue une sorte de fruit. Cette rare mosaïque, qui représente assurément une martyre de Carthage, très-probablement sainte Perpétue, a été trouvée, dans les fouilles de Monseigneur Lavigerie, sur l'emplacement d'un cimetière chrétien et dans les ruines d'une Basilique des premiers siècles.

MOSAÏQUE, haute de 0 m. 61 et longue de 0 m. 65, enlevée d'une mosaïque plus grande, trouvée dans le jardin de M. Fedriani, à Douar-ech-chot. Elle est d'un très-bon travail et représente Ganymède transporté au ciel par Jupiter sous la forme de l'aigle. Ganymède tient de la main gauche un étendard, et de la droite un arbrisseau.

INSCRIPTION PUNIQUE, fragment d'une plaque portant le tarif des redevances dues aux prêtres pour les différentes sortes de sacrifices. Un autre fragment, de même nature, trouvé également à Carthage, est au Musée de Strasbourg. Un second est au Musée Britannique.

INSCRIPTION ARABE, trouvée à Sidi-bou-Saïd, et composée de six lignes de caractères gravés en relief. Cette inscription, haute de 22 centimètres et large de 30, date de l'an 638 de l'hégire (1241 de notre ère), vingt-neuf ans avant la venue de saint Louis à Carthage, ce qui prouve qu'à cette époque Carthage avait des habitants.

STÈLE PUNIQUE, ex-voto à la déesse Tanit et à Baal Hammon. Au-dessous de l'inscription en caractères carthaginois est gravé un poisson. Hauteur 0, 35, largeur 0, 15.

INSCRIPTION GRECQUE, estampille de potier, longue de 42 millimètres, large de 17, sur une anse d'amphore.

FRAGMENT D'INSCRIPTION ROMAINE. Très-belle plaque de marbre blanc, haute de 0 m. 54 et longue de 0, 70, trouvée au-dessous de la chapelle de Saint-Louis, dans la salle centrale du temple d'Esculape, qu'avait déjà fouillée, en partie, M. Beulé. Les lettres de la seconde ligne, moins grandes que celles de la première, mesurent 145 millimètres de hauteur ; celles de la troisième n'en ont que 95. Caractères magnifiques de pureté et d'élégance.

MONNAIE D'OR CARTHAGINOISE, portant, dans une ligne circulaire perlée, l'effigie d'une femme, sans doute de la déesse protectrice de Carthage. Au revers, également dans une ligne perlée, le cheval, debout, au repos, et tournant sa tête en arrière. Le diamètre de cette pièce est de un centimètre.

PLOMB DE BULLE, portant l'image d'une orante, les mains levées à la hauteur des épaules. Le revers renferme un monogramme entouré de cette légende circulaire : .. RCHIEPISCO.. Ce plomb a vingt-deux millimètres de diamètre.

CHARNIÈRE FLEURDELISÉE, longue de 43 millimètres, large de deux centimètres. Elle provient du séjour des Croisés à Carthage, et a été trouvée près du Fort-Neuf, que les Indigènes ont longtemps appelé Fort Saint-Louis.

EXAGIUM BYZANTIN, carré de cuivre, épais de 6 millimètres et 38 millimètres de côté. Il pèse 103 grammes. La face est ornée d'un filet d'argent. A chaque angle est une petite palme, et au centre on lit les trois lettres S O L, accompagnées de plusieurs chiffres romains.

MONNAIE CARTHAGINOISE, en bronze, de 22 millimètres de diamètre. La face représente, dans une couronne de laurier, une femme, de face et debout, couronnée d'épis et tenant des épis dans chaque main. Le revers porte ces signes N X X I, surmontés d'une barre.

MONNAIE VANDALE, de 12 millimètres de diamètre, et 10 décigrammes de poids. La face porte l'effigie de Gunthamond, et le revers les lettres DN, dans une couronne de laurier.

MONNAIE DE THIBAUT, COMTE DE CHAMPAGNE, en cuivre, de 18 millimètres de diamètre, et pesant 125 centigrammes. La face porte une croix cantonnée d'un *alpha*, d'un *oméga*, et de deux croissants, avec cette légende : † TEBATCOMES. Le revers porte un peigne, dit *peigne champenois*, surmonté de trois tours, dans cette légende : PRVVINCASTRI. Elle date de la Croisade de saint Louis, et a été trouvée près de Byrsa.

Vase chrétien, 25 centimètres de hauteur, trouvé dans un ancien puits, de construction romaine, près d'une ancienne basilique qui est peut-être celle du martyre de saint Cyprien. La partie inférieure, haute de 13 centimètres, est légèrement conique et ornée de ciselures. La partie supérieure porte une croix latine, accostée de deux poissons symboliques et accompagnée de ces trois lettres : A B C.

Lampe chrétienne, de 13 centimètres de long et de 8 de large, en argile rouge. Son disque représente un personnage debout, vêtu d'une robe très-ample, et portant de la main droite une longue croix. C'est le Christ vainqueur.

Cadran solaire antique, gravé sur une plaque de marbre blanc, épaisse de 3 centimètres, longue de 32 et large de 35. Trouvé sur la colline de Junon.

Peigne d'ivoire, trouvé près de la colline de Junon. Il porte, d'un côté, la croix latine gravée entre deux palmes. C'est un peigne chrétien antique, qui a peut-être servi dans les cérémonies du culte où le peigne était employé quelquefois.

Corniche, de marbre blanc, longue de 50 centimètres, large de 22, d'une finesse et d'un art admirables, trouvée sur Byrsa.

Lampe romaine, de terre cuite, en forme d'ours représenté debout, sur une base de 53 millimètres, longue de 94 et arrondie à chaque extrémité. Sur l'échine et le front de l'ours sont des trous circulaires pour l'introduction de l'huile et de la mèche.

Scarabée égyptien, de terre cuite et de forme elliptique, épais de 4 millimètres, large de 15 et haut de 22 ; il porte, sur chaque face, des hiéroglyphes. Trouvé sur la colline de Junon.

Vous pouvez apprécier, Monsieur, par cet aperçu partiel, l'intérêt de ce Musée qui commence, et aussi les progrès rapides qu'on peut en attendre, puisqu'il s'accroît de plus de mille pièces par an, en moyenne. Le seul obstacle à son développement, mais il est insurmontable, est le défaut de ressources assurées. Vous savez l'expédient que le P. Delattre a dû accepter, il y a quelques mois, pour se procurer les moyens de continuer ses travaux. Il a eu beau chercher à se consoler de la perte de ses inscriptions, en pensant qu'il enrichissait la Bibliothèque Nationale (1) et qu'il servait la science; le sacrifice lui a trop coûté pour que je veuille le lui imposer de nouveau. Il pleure encore ses pierres avec une douleur qui les attendrirait elles-mêmes, si elles n'étaient aveuglées sans doute par l'honneur qui leur a été fait en les appelant à Paris.

Tout va donc être suspendu; et ce que je déplore pour ma part, ce n'est pas seulement ce point d'arrêt des collections du Musée, c'est surtout celui des services que des études de cette nature, patiemment préparées, peuvent rendre à l'histoire.

Vous excuserez cette faiblesse persévérante chez un vieux professeur d'histoire à la Sorbonne, tout Évêque missionnaire qu'il soit aujourd'hui. Ce n'est pas d'ailleurs sortir de mon sujet que de vous donner quelques exemples des problèmes historiques qui naissent de nos recherches elles-mêmes. J'en choisirai trois seulement, si vous le voulez, un pour chacune des trois périodes qui se divisent l'existence de Carthage : la période Punique, celle de la conquête Romaine jusqu'au triomphe du Christianisme, celle du Christianisme jusqu'aux invasions définitives de la barbarie.

Vous jugerez par là de ce que peuvent faire espérer des recherches sérieuses et suivies.

---

(1) Le P. Delattre a cédé, sur ma demande, à la Bibliothèque Nationale cent quatorze inscriptions, parmi lesquelles se trouvait celle de Souk-el-Mis, pour pouvoir payer les fouilles qu'il fait faire en ce moment.

II

La topographie de Carthage Punique, dans les temps
de sa puissance et de sa splendeur, est complètement
fixée. Les historiens latins nous ont conservé, avec
une sorte d'orgueil jaloux, tous les détails du triomphe de Rome sur sa grande rivale. Ils ont minutieusement
rapporté la défense, l'attaque, les immenses ruines qui sui-
virent la victoire. Mais il n'en est pas de même de la période primitive. Les histoires puniques ont péri sous
les coups de la vengeance romaine, qui ne s'est pas con-
tentée de la destruction matérielle de Carthage et qui l'a
condamnée à rester sans défense aux yeux de la postérité.
Nous n'avons guère plus sur elle, aujourd'hui, d'autres
témoignages que ceux de ses ennemis.

Il en résulte que ses véritables origines sont restées
dans une obscurité profonde, et que sa topographie primitive ne nous est connue que par des traditions vagues ou
par les fables de la poésie.

Selon Appien, les Tyriens, qui la fondèrent, s'établirent
d'abord sur la colline de Byrsa, qui devait devenir,
même avant le temps de la conquête romaine, le centre et
la citadelle de Carthage. Voici ce que je lis, à cet égard,
dans la traduction latine de son histoire : « *Petivere*
» *(Phœnices) tantum loci ad incolendum quantum tauri*
» *tergus comprehenderet. Secto vero in orbem corio, sic ut*
» *unam corrigiam efficeret tenuissimam, circumtetenderunt*
» *ubi nunc est arx Carthaginiensium quam inde Byrsam*
» *nominant. Procedente tempore, quum ex hac sede excur-*
» *siones facere, finitimisque populis superiores esse, et*

» *classibus maria patrio more navigare cœpissent, arci*
» *urbem circumdederunt (1).* »

Justin tient un langage à peu près semblable : « *Itaque*
» *Elissa... emplo loco qui corio bovis tegi possit... corium*
» *in tenuissimas partes secari jubet atque ita majus loci*
» *spatium quam petierat occupat : unde postea huic loco*
» *Byrsa nomen fuit (2).* »

Virgile avait déjà revêtu les mêmes traditions des for-
mes de la poésie :

  « *Devenere locos ubi nunc ingentia cernis*
  » *Mœnia, surgentemque novæ Carthaginis arcem,*
  » *Mercatique solum, facti de nomine Byrsam,*
  » *Taurino quantum possent circumdare tergo (3).* »

Il revient sur cette indication première, lorsque Enée,
accompagné d'Achate, approche lui-même de Carthage :

  « *Jamque ascendebant collem qui plurimus urbi*
  » *Imminet, adversasque aspectat desuper arces.*
  » *Miratur molem Æneas, Magalia quondam (4).* »

Ces traditions ont été suivies par la critique moderne.
Dureau de la Malle se contente de citer, sans la contredire
ni même la révoquer en doute, l'autorité d'Appien : « AP-
» PIEN DIT AUSSI QUE BYRSA FUT LA PREMIÈRE HABITATION
» DES COLONS TYRIENS, *mais qu'ensuite, lorsque leur puis-*
» *sance se fût accrue sur terre et sur mer, ils étendirent*
» *leur ville autour de Byrsa (5).* »

Nous avons d'abord nous-mêmes accepté ces données, et

---

(1) Appien, De Reb. Pun., 1. 2.
(2) Justin, Hist. XVIII, IV et V.
(3) Æneid., I, 365 et seq.
(4) Ibid. I, 419 et seq.
(5) Topographie de Carthage, p. 74.

en parlant ailleurs de notre Établissement de Saint-Louis, j'ai répété, à plusieurs reprises, qu'il occupait le berceau de Carthage. Mais, depuis, des observations et des découvertes multiples, les dernières en date surtout, m'ont amené à douter sérieusement de cette topographie de convention, à conjecturer que Byrsa n'a pas été l'assiette primitive de la ville fondée par les Tyriens, et à penser qu'à cet égard, Appien, Justin, Virgile et la critique contemporaine sont dans une égale erreur.

La question est, comme vous le voyez, Monsieur, assez intéressante pour être étudiée et pour que j'indique du moins les motifs de mes conjectures.

Et tout d'abord, à ne nous en tenir qu'aux données générales de l'histoire et au caractère connu des fondateurs de Carthage, il semble étrange qu'ils se soient éloignés du rivage et que leur première préoccupation ait été une préoccupation guerrière et la construction, sur des hauteurs abruptes, d'une ville fortifiée. Ces émigrants étaient voués au commerce. Ce qu'ils devaient chercher, c'était une plage à l'abri des tempêtes, et la facilité d'y creuser un port pour y recevoir leurs marchandises et leurs navires. C'est ce dont témoignent la plupart des *Emporia* établis par leurs soins sur les côtes de la Méditerranée, depuis celles de la Tripolitaine jusqu'à celles de la Provence. Dire qu'ils se seraient établis d'abord sur les hauteurs de Byrsa, lorsqu'ils fondèrent Carthage, c'est comme si l'on disait que, pour fonder Marseille, ils s'établirent sur le plateau escarpé où se trouvent aujourd'hui la chapelle de Notre-Dame-de-la-Garde et le fort qui l'entoure, et que de là ils se répandirent plus tard sur le rivage et dans la vallée. Ce qui prouve, du reste, qu'ils ne se présentèrent pas en conquérants, c'est la fable de leur peau de bœuf, qui sent les ruses du négoce bien plus que les hardiesses de guerriers envahisseurs.

Au premier aspect, il semble donc que ce soit sur le rivage même, autour du port qu'elle creusa, et non sur Byrsa que la Colonie phénicienne dut s'établir. Mais devant des textes aussi clairs que ceux d'Appien, qui probablement copiait Polybe, de Justin et de Virgile, il faut des preuves plus précises ; de simples vraisemblances ne suffisent pas.

Ces preuves, on ne peut plus les demander qu'au sol lui-même, en l'absence de textes authentiques, aujourd'hui disparus sans retour, et c'est ce que nous avons tâché de faire, non, je crois, sans quelque succès.

Nous avons donc commencé nos vérifications par ce qu'il y a peut-être de plus tenace parmi les races orientales, je veux dire la tradition des indigènes. Ceux qui connaissent l'Orient, savent, en effet, à quel point les traditions s'y perpétuent. Pour les appellations de lieux, en particulier, cette constance tient du miracle. On l'a utilisée avec un succès inespéré, en Palestine, pour l'identification des villes, des villages actuels, avec ceux dont il est fait mention dans la Bible (1).

Or, les peuples de l'Afrique du Nord, Orientaux de mœurs comme d'origine, ont gardé, pour la conservation des noms de leurs villes, de leurs montagnes, la même fidélité. On retrouve ces noms d'âge en âge, partout où quelque grand évènement avait frappé leurs ancêtres.

Cette loi s'applique à la Tunisie comme au reste du monde oriental. Tunis, Utique, Tebourba, cent autres lieux, y gardent, soit seuls, soit à côté de leur nom arabe, leurs noms primitifs. Dans les ruines même de Carthage, il y a deux quartiers qui ont gardé obstinément les noms qu'ils portaient antérieurement à la venue des Arabes. Je conjecture que le premier est celui de la Carthage punique, le second celui d'une ville numide qui l'avait précédée.

____

(1) Voir la belle *Description de la Palestine*, de M. Victor Guérin.

Les Indigènes nomment encore l'un de ces quartiers Cartagenna ; ils donnent à l'autre le nom de Malga.

Le nom de Cartagenna est évidemment le même que celui de Carthage. Or, le territoire que les Indigènes nomment ainsi, n'est pas celui de Byrsa, c'est celui qui occupe le Cothon et ses alentours. Il est parfaitement circonscrit et déterminé : il commence autour des anciens ports et s'arrête, d'une part, à mi-chemin des collines, tandis que, de l'autre, il va de la Tænia, c'est-à-dire de la langue de terre qui sépare le lac de Tunis d'avec la mer, jusque vers le monticule où s'élève aujourd'hui un fort turc, le fort Djedid, qui domine la rade (1).

Il est vrai qu'aucun témoignage historique n'établit, absolument, que l'emplacement qui porte le nom de Cartagenna représente celui de la Carthage primitive ou de Carthage proprement dite. Il y a là seulement une vraisemblance, légitimée par la ténacité des traditions indigènes ; mais cette vraisemblance s'augmente, lorsqu'on voit comment l'exactitude de ces traditions se prouve avec évidence pour le quartier de la Malga, où il est possible de les contrôler par les données de l'histoire.

La Malga est aujourd'hui un village bâti contre les anciens murs de la ville dont elle formait un faubourg, autour et dans l'intérieur même des piscines auxquelles aboutissait l'aqueduc d'Adrien. Or, ce nom, qui est un nom berbère, remonte à l'antiquité la plus reculée. C'est Virgile et, avec lui, Salluste qui, les premiers, le font connaître en le latinisant. Ils nous apprennent d'abord, l'un et l'autre, que les Magals ou Mapals désignaient, dans la langue des Numides, les pauvres hameaux habités par eux dans l'Afrique du Nord.

---

(1) Voir *Pièces justificatives*, n° III, à la suite de cette lettre, le plan de Carthage où ces indications sont figurées.

« *Quid Tibi pastores Libyæ, quid pascua versu*
« *Persequar* ET RARIS HABITATA MAPALIA TECTIS, »

dit dans le troisième livre de ses Géorgiques le poëte de Mantoue? Dans l'Énéide il dit *Magalia*, au lieu de *Mapalia;* les deux termes sont restés, jusqu'à la fin, synonymes, comme nous allons le voir.

Salluste répète le mot ; il fait plus, il le définit au chapitre dix-huitième de l'Histoire de Jugurtha : « *Cæte-* » *rum adhuc ædificia Numidarum agrestium*, QUÆ MA- » PALIA ILLI VOCANT, *oblonga, incurvis lateribus tecta* » *quasi navium carinæ sunt.* »

Mais ce qui nous intéresse surtout, c'est que Virgile applique le même nom, comme par antonomase, à la Carthage Numide. Il nous apprend que là où Énée admirait la ville nouvelle, était autrefois un de ces Magals africains :

« *Miratur molem Æneas,* MAGALIA QUONDAM; »

et, parlant de la descente de Mercure dans les faubourgs de Carthage, où il va trouver Énée par ordre de Jupiter, il dit :

« *Ut primum alatis tetigit* MAGALIA *plantis.* »

Ce nom de Magal ou Mapal s'est toujours conservé à Carthage.

Plaute le cite dans son *Pœnulus* comme celui d'un quartier de la ville : « *A Magalibus eas qui subripuit.* »

Victor de Vite (1) nous apprend que saint Cyprien fut enterré dans un lieu qu'on nommait MAPALIA, *qui locus* MAPALIA *vocitatur*, et les Actes du martyre de ce grand Évêque, précisant encore, ajoutent : « *In arcis Macrobii Candidiani Procuratoris, quæ sunt* IN VIA MAPALIENSI (2). »

---

(1) Vict. Vit., Hist. persecut. vandal., i, 5.
(2) Ruinart, Acta Martyrum sincera.

Ce n'est pas tout. Non-seulement nous retrouvons, au temps de saint Cyprien, le même nom que Virgile donne comme ayant précédé la Carthage punique, mais encore ce lieu que Victor de Vite nomme Mapal ou Magal, car nous avons vu que ces deux appellations sont synonymes, est précisément près des Piscines, c'est-à-dire au même endroit où se trouve la Malga actuelle. Les Actes du martyre de saint Cyprien le disent formellement : *In via Mapaliensi, juxta piscinas.*

Je ne pense donc pas qu'identification puisse être mieux prouvée. La *Malga* actuelle et la *Magal* ancienne occupent exactement la même place ; et quant au nom, il n'est pas un linguiste qui hésite à reconnaître Magal dans la Malga.

Mais si la Malga ou la ville numide a si complètement gardé son nom avec sa place à travers plus de trente siècles, pourquoi la *Cartagenna* des Indigènes, qui garde si bien le nom de Carthage, n'occuperait-elle pas aussi la place primitive de celle-ci ?

Ces données n'indiquent-elles pas, d'ailleurs, de la façon la plus naturelle, comment les choses se passèrent à l'arrivée des Tyriens ? Ceux-ci occupèrent, au fond d'une baie incomparable, le littoral stérile, comme il convenait à des navigateurs qui ne vivaient que de commerce. Les Numides continuèrent à occuper la plaine et le lieu où les eaux étaient plus abondantes, comme il convenait à des pasteurs. Entre eux resta la colline au double plateau, où plus tard les murs de Byrsa furent bâtis, lorsque Carthage devint plus riche et plus forte. Dans les premiers temps, cette colline était inhabitée.

En l'absence de tous documents écrits sur cette période primitive, le sol peut seul, comme je l'ai dit, contrôler ces conjectures. Or, si elles sont fondées, si les hauteurs de Byrsa ont été inoccupées durant les premiers temps de l'existence de Carthage, elles ont dû servir de lieu de sépulture, suivant la loi générale de l'Afrique du Nord, à ses premiers habitants ou tout au moins à ses premiers chefs.

Ce qu'il fallait donc, pour résoudre nos doutes, c'était fouiller Byrsa dans ses profondeurs. Le R. P. Delattre commença ces fouilles. Sous les restes du temple de Junon céleste, à une profondeur de six mètres au-dessous du sol actuel et de deux mètres au-dessous des substructions du temple, la pioche des travailleurs mit à découvert, le 7 avril 1878, un premier tombeau qui portait les caractères d'une antiquité bien plus grande que toutes les constructions supérieures. Il se composait d'énormes pierres, mesurant près de trois mètres de longueur, et d'une épaisseur proportionnée. Elles n'étaient reliées entre elles par aucun mortier, par aucun ciment. Dans l'intérieur, près des ossements qui tombèrent aussitôt en poussière, le P. Delattre recueillit les objets suivants, déposés aujourd'hui dans son Musée et que son catalogue décrit ainsi :

1º Un anneau punique, en plomb et or, d'un diamètre intérieur de 15 millimètres et extérieur de 27. Le cercle de l'anneau est soudé à un chaton d'or, long de 11 millimètres et large de 8 1/2. Appliqué sur la cire, il donne l'image d'une figure dont on ne distingue bien que les jambes. Aux pieds du personnage sont deux tronçons d'arbres d'où s'élève une tige, et au-dessous l'emblème punique du disque surmonté du croissant, emblème qui se retrouve gravé de chaque côté de cette figure ;

2º Un objet de plomb, en forme de C ou de croissant, plus gros au milieu qu'aux extrémités. Sa longueur est de 45 millimètres ;

3º Un morceau de cèdre, long de 0 m. 85 et large de 0 m. 35, dans un bon état de conservation ;

4º Un vase punique de terre grise, de fabrication très-primitive, et de la forme d'une demi-sphère. Cette poterie a 7 millimètres d'épaisseur et 6 centimètres de haut ;

5º Une patère ou espèce de soucoupe en terre, semblable, pour le style, au vase précédent. Son grand diamètre est de quinze centimètres et sa hauteur de deux centimètres et demi.

A un mètre cinquante environ de ce premier tombeau, dans la direction du nord, et à une profondeur de cinquante centimètres au-dessous, on trouva, le lendemain, une seconde sépulture, celle-là sans apparence de sépulcre et avec un squelette simplement enfoui dans le sol. A côté se trouvaient aussi quelques vases funéraires. Les voici, tels que les décrit le R. P. Delattre :

1º Une patère punique, de terre grossière. Ce vase est de forme circulaire et peu profond ;

2º Trois vases puniques, de même terre, hauts de vingt centimètres. La panse, munie de deux oreilles, s'arrondit en se rétrécissant, et s'élargit ensuite pour former le col de l'orifice ;

3º Quatre petites urnes, de même fabrication et hautes de dix centimètres. Leur forme est assez élégante. Le corps est renflé, le col étroit, le bec légèrement étranglé. Ils n'ont qu'une seule anse ;

4º Une lampe punique, de très ancienne forme, sorte de patère dont les bords sont repliés en dedans, de façon à former deux becs ;

5º Une lame de cuivre, étroite et fort mince, reste de quelque instrument tranchant dont il est difficile de préciser la nature.

Le défaut de fonds ne permit pas alors de pousser plus loin ces instructives recherches. L'année dernière, des fouilles faites sur le plateau principal de Byrsa, à l'occasion de la reconstruction de notre Établissement de Saint-Louis, ont amené des résultats identiques. Au-dessous des substructions de la citadelle et d'une sorte de bastion qui formait l'un de ses angles, les ouvriers ont trouvé un tombeau d'un caractère semblable à celui qui avait été découvert, deux ans plus tôt, sous le temple de Junon. C'est à une profondeur de cinq mètres au-dessous du sol actuel que ce tombeau a été rencontré. Je joins à ma lettre un dessin qui le représente et qui indique la dimension et la disposition des pierres qui le composent ; il vous per- mettra de vous en faire une juste idée (1)

Les objets trouvés dans ce tombeau, à côté des sque- lettes qu'il renfermait, sont les suivants, d'après la description du P. Delattre :

1º Un collier punique, composé de cinquante-et-une perles rondes, d'une cubique et de six amulettes. Deux de ces dernières réprésen- tent des figures accroupies, et les autres des reptiles. Ces amulettes sont faites d'une pâte blanche dans les unes et verdâtre dans les au- tres. Le style de ce collier se rapproche des types égyptiens ;

2º Un grand vase de terre cuite, rougeâtre et non vernie, comme toutes les poteries trouvées dans ces sépultures puniques. Il mesure 48 centimètres de hauteur. Sa forme se rapproche de celle des am- phores grecques et romaines, moins toutefois le col et les anses. Notre vase punique n'est muni que de deux petites oreilles à la partie supérieure de la panse, et l'orifice qui correspond à la section infé- rieur du col de l'amphore, mesure 8 centimètres de diamètre ;

3º Dix vases de même terre et de même forme que le précédent, mais de dimension moindre. Leur hauteur n'est que de 24 centi- mètres ;

4º Dix petites urnes, à corps renflé et à col étroit, et toujours de même terre. Leur bec est légèrement étranglé, et leur hauteur varie entre 8 et 10 centimètres ;

5º Quatre patères, de terre cuite, semblables, pour la forme et les proportions, à des soucoupes plates ;

6º Neuf lampes puniques, ou patères, dont le bord est replié en de- dans, en trois endroits, de façon à former deux espèces de becs pour retenir l'huile et déposer les mèches ;

7º Un instrument de cuivre, ou hachette plate, longue de dix cen- timètres, y compris la partie qui entrait dans le bois du manche ;

---

(1) Voir *Pièces justificatives* nº IV, à la suite de cette lettre.

8° Huit objets de cuivre, composés d'un anneau auquel est soudée une double lame large de 0 m. 006 et longue de 0.04. A trois centimètres de l'anneau cette partie se bifurque en forme d'Y. Ces espèces de crochets ont été trouvés à la hauteur du bassin du squelette, dans le tombeau où nous avons recueilli les deux armes suivantes :

9° Deux armes en fer. La lame de l'une est plate et conserve des traces de bois dont se composait le fourreau qui la renfermait ; sa forme est celle d'un poignard. L'autre ressemble plutôt à un dard et se termine, du côté opposé à la pointe, par un croissant ou peut-être une double entenne. La première, mesure 0 m. 40 de longueur, et la seconde 0 m. 42.

Le doute n'est donc pas possible. Les tombeaux trouvés sur le double plateau de Byrsa sont des tombeaux de chefs ou de guerriers puniques, et nullement des tombeaux numides.

Ils sont antérieurs aux plus anciennes constructions Carthaginoises qui aient couvert cette colline, puisqu'ils sont à plusieurs mètres au-dessous de ces constructions, dans le sol primitif, et d'un appareil si différent.

Lors même donc que la coutume de presque tous les anciens peuples, particulièrement des peuples de la Syrie et de la Phénicie d'où les Carthaginois tiraient leur origine, n'aurait pas empêché d'ensevelir les morts sur la colline qui dominait Carthage si celle-ci avait fait déjà partie de la cité, à plus forte raison si, comme on le dit, elle en avait été LE CENTRE, il est impossible de nier que les constructions de la citadelle punique de Byrsa ne soient postérieures à ces sépultures.

La conclusion est donc indiquée. Il semble que nous devions réformer nos idées sur la topographie primitive de Carthage. Byrsa n'en aurait pas été le berceau. Ce serait là une fable à coup sûr d'origine Grecque, et qui aurait eu pour but de donner, dans cette langue, une étymologie à un nom dont le radical est essentiellement Syrien (1). Carthage aurait été fondée non sur le sommet d'une colline, mais sur le rivage même et autour du port creusé pour le commerce de ses premiers habitants.

Faut-il donc renoncer, non-seulement à Virgile, qui est un poëte, il est vrai,

Atque poetis
Quidlibet audendi semper fuit æqua potestas,

mais à Justin et à Appien qui est un historien grave et qui ne fait sans doute que copier Polybe, historien plus grave encore, quand il s'agit de Carthage ? Je ne l'affirme pas ; mais je le crains, et il ne me faudrait, pour passer de la conjecture déjà bien probable à la certitude, que pouvoir, par des fouilles plus générales, arracher au sol les derniers secrets qu'il renferme encore.

Mais, pour ces fouilles — c'est là que j'en reviens toujours, — il faut des ressources, et nous ne les avons pas.

III

Après cet exemple, emprunté à la période Punique, des problèmes que l'archéologie peut servir à résoudre dans l'histoire de Carthage, citons-en un de la période Romaine antérieure au Christianisme.

Je le choisirai dans un ordre de travaux sur lequel vous

---

(1) Bosra, dont Byrsa est une corruption, signifie en syriaque *citadelle* ou *acropole*. On retrouve encore ce nom, légèrement défiguré, dans la langue de l'Afrique du Nord. Les *bordjs* de nos indigènes ne sont autre chose que des forts ou des citadelles. En Grec, au contraire, *Byrsa* signifie cuir ou peau de bœuf.

avez déjà, Monsieur, répandu vous-même de vives lumières. Je veux parler de l'esclavage antique.

Une récente découverte, faite par nous à Carthage, permettra, je l'espère, d'ajouter quelques traits intéressants à ceux dont vous avez enrichi votre belle histoire.

On ne connaissait jusqu'ici, en dehors de Rome et de l'Italie, aucun cimetière affecté aux Esclaves de la Maison Impériale. Ces esclaves étaient, on le supposait du moins, en trop petit nombre dans les provinces pour qu'on leur eût consacré nulle part un lieu spécial de sépulture. Pour l'Afrique, M. Léon Renier avait recueilli sept ou huit épitaphes se rapportant à ces esclaves : une, entre autres, à Lambèse, deux à Cirta, une à Sétif (1). Mais rien ne faisait présager que, dans nos régions, les Esclaves de la Maison Impériale eussent été en tel nombre que leurs tombes rendissent nécessaires des cimetières particuliers.

Il n'est plus possible d'en douter aujourd'hui.

J'ai remis, moi-même, l'été dernier, à M. Léon Renier qui a bien voulu, je crois, les communiquer à l'Académie, les estampages de cent treize inscriptions se rapportant à un cimetière de ce genre, et je lui ai fait envoyer, depuis, par le R. P. Delattre, le texte de quatre-vingts autres inscriptions de même provenance et de même nature. Le nombre total de celles qu'a recueillies le Musée de Saint-Louis, est, à l'heure présente, de deux cent soixante-dix-sept.

Ce serait là déjà une heureuse conquête, à ne la considérer qu'au point de vue de l'épigraphie. Mais cette découverte présente, sous plusieurs autres rapports, un réel intérêt.

Le premier est l'existence même d'un cimetière romain, du temps des Césars, resté jusqu'à nos jours absolument

---

(1) Elles figurent dans son *Recueil des Inscriptions Romaines de l'Algérie*, sous les nᵒˢ 1165, 2038, 2039, 2053, 2500, 3095, 3334.

intact, dans l'état où il se trouvait au moment où l'on y a fait la dernière sépulture.

Pour expliquer cette conservation, unique, jusqu'ici, parmi les monuments de Carthage, quelques détails sont nécessaires.

Le cimetière des esclaves était placé contre les anciens remparts, détruits par Scipion, qui formaient l'enceinte de Carthage, précisément à côté des Piscines et à la distance de deux jets de pierres du village actuel de Malga, dont j'ai parlé dans l'article qui précède. Les vents d'Afrique et les sables qu'ils entraînent, ont fait leur œuvre, facilitée par l'exposition même du cimetière qui est à l'ouest, c'est-à dire du côté d'où viennent ici les tempêtes. Il n'a donc pas fallu grand temps pour recouvrir ces tombes, et il n'est pas douteux qu'elles ne fussent complètement ensevelies, lorsque les Arabes et peut-être même les Vandales envahirent l'Afrique et mirent Carthage à sac.

C'est ainsi que les humbles tombeaux de quelques esclaves ont été respectés, tandis que toutes les riches sépultures restées apparentes ont été dévastées, spoliées, mises en pièces. Un jardin s'étend aujourd'hui sur ces tombes. L'Arabe qui le cultive, a rencontré, au mois de mai dernier, à cinquante centimètres seulement au-dessous de la surface du sol actuel, le sommet arrondi, la *cupa*, de l'un de ces cippes funéraires. Il a creusé et mis à découvert, sur l'un des côtés du cippe, l'inscription suivante :

DIS MANIBVS SACR | CRESCENS CÆSARIS N̄. SER
| PIVS VIX ANNIS LXXXI | H. S. E.

Cet Arabe, il se nomme Matlouki, est l'un des clients du P. Delattre. Il se hâta de lui communiquer sa découverte. Je me trouvais, moi-même, à Saint-Louis, au moment où il y vint. Nous l'engageâmes à continuer ses fouilles. Le lendemain, il apportait quatre inscriptions nouvelles, des épitaphes d'Esclaves de César, comme la première. Près du cippe de la veille il en avait trouvé un second, puis un troisième; et au lieu d'enlever la terre qui les recouvrait, ce qui aurait augmenté sa peine, il s'était creusé, sous le sol, d'une tombe à l'autre, une sorte de conduit souterrain — à la manière des taupes — où lui seul pouvait se mouvoir et respirer. C'est ainsi qu'il a retiré les deux cent soixante-dix-sept inscriptions recueillies jusqu'à ce jour (Voir le texte de ces inscriptions aux *Pièces justificatives* n° I.)

Nous eûmes cependant, le P. Delattre et moi, le désir de vérifier les dispositions de ce cimetière si étrangement retrouvé. Tant qu'il resta une récolte quelconque sur pied dans le jardin, il fut impossible de l'obtenir du propriétaire. Enfin, au mois de novembre, j'ai pu y mettre des ouvriers et découvrir entièrement une portion du cimetière, afin de juger de son aspect.

Je ne puis mieux le comparer qu'aux cimetières de nos grandes villes, dans les portions où les sépultures sont le plus pressées et recouvertes de tombeaux en maçonnerie. C'est une série de cippes inégaux dont le sommet est arrondi pour les uns, simplement rétréci pour les autres, et si serrés qu'il est impossible souvent de passer entre eux. Déjà l'une des premières inscriptions découvertes nous avait fait conjecturer cette sorte d'encombrement. Un fils affranchi se plaignait, dans un sentiment de piété filiale, de ne pouvoir donner à la tombe de son père et de sa mère, esclaves, de plus larges proportions :

D. M. S. | VICTORI ET VRBICÆ | AVG. SER. PAREN-
TIBVS | PIISSIMIS IVCVNDVS | AVG. LIB. ADIVT. A
CO | GNITIONIBVS QVO | VSQVE SPATIVM PER |
MISIT RENOVAVIT.

Je priai le P. Delattre de prendre les dimensions et de noter exactement l'ordonnance de ces sépultures. Voici la note qu'il m'a remise à cet égard :

« La nécropole des Esclaves de César occupe un terrain d'un demi-hectare environ. A l'exception d'un caveau qui renfermait un squelette et une urne remplie de cendres, toutes les sépultures se composaient d'un cippe rectangulaire, terminé au sommet par une corniche simple et peu saillante, et quelquefois surmonté d'un dôme semi-cylindrique avec une espèce de corne à chaque angle, mais le plus souvent se rétrécissant comme un piédestal. Chaque cippe, construit en maçonnerie, renfermait une ou plusieurs urnes. La principale était toujours au centre, recouverte d'une patère percée d'un trou auquel aboutissait un tuyau de terre cuite, communiquant à la partie supérieure du cippe. Quelquefois, au lieu de rencontrer l'urne noyée dans la maçonnerie, on trouvait une niche demi-sphérique, renfermant le vase funéraire avec les cendres et accompagné de lampes, de patères et de lacrymatoires.

» Quand un cippe contenait plusieurs urnes, la principale était au centre, avec son tuyau de communication aboutissant au sommet, et les autres étaient placées dans les angles inférieurs du pilier sépulcral, avec un tube assez large de terre cuite, communiquant à la face verticale correspondante.

» Sans doute qu'au moment de l'érection du cippe, on y déposait, non-seulement l'urne principale renfermant les os calcinés et les cendres du mort, mais encore d'autres urnes destinées à recevoir les restes des membres de la famille. Quand le moment était venu, il était facile de faire glisser dans le tuyau, jusqu'au vase funéraire, les cendres retirées du bûcher. Peut-être encore ces communications servaient-elles à recevoir les libations en l'honneur des dieux mânes.

» La plupart de ces tombeaux étaient de forme simple ; mais quelques-uns étaient enrichis d'ornements en stuc ; des figures étaient moulées en bas-relief sur la couche d'enduit qui revêtait chaque face.

» Les dimensions des cippes variaient selon le nombre des urnes. J'en ai mesuré un qui n'avait que 0 m. 75 de largeur et 1 m. 58 environ de hauteur. C'est la grandeur ordinaire des tombeaux qui ne renferment qu'une seule urne.

» J'ai constaté que ces sépultures étaient groupées par familles et par corps de profession. C'est dans les premières fouilles que nous avons trouvé la plupart de nos *pedisequi*, et c'est en revenant, plus tard, près du point de départ, que nous avons rencontré le reste. Les *agrimensores* ont été découverts dans une même fouille. Chaque groupe formait une réunion de cippes qui n'étaient séparés parfois les uns des autres que par quelques centimètres. »

Tel est, jusqu'ici, au point de vue matériel, le résultat de nos recherches. Mais elles donnent lieu, si je ne me trompe, à d'autres remarques également instructives.

La première, c'est que ces tombés sont toutes dues à l'initiative privée.

Tantôt, en effet, c'est le père ou la mère qui les ont élevées à leurs enfants :

D. M. S. | CLEMENS. AVG. SER | PIVS VIX.
ANNO I | M. VI. FECIT OPTATVS | PAT. FILIO.
D. S. BM.

D. M. S. | SECVNDVS. AVG. | SER. VIXIT. ANNIS
XVIII. AELIA FORTV | NATA MATER PIAME | RENTI
FILIO FECIT.

DIS. MANIBVS. SACR. | ANICETVS. AVG. | SER.
PIVS. VIXIT. ANN | II. II. S. E. | FELIX. ET. LAETINA.
PARENT. FECER.

Tantôt ce sont les enfants, les gendres, les petits-enfants,
qui les élèvent à leur père, à leur beau-père, à leur
aïeul :

CRESCENS. AVG. SER | EXTABELLARIS. PIVS |
VIXIT. ANNIS. XLV. FELI | CITAS. FILIA. PIO | PATRI.
FECIT. H. S. E.

D. M. SACRIS *(sic)* | LACES. CAESARIS. N̄. SE |
PIVS. VIXIT. ANNIS.XC | H. S. E. | FECIT. MARTIALIS |
GENER. M. O. T. B. Q.

D. M. S. | IVLIVS. TERMINALIS. PIVS | VIXIT. ANNIS.
LXXXI. M. V | D IIII. CVRANTE TERMINALE |
NEPOTE. PER. PHAENIPPVM | AVG. N̄. ADIVT.
TABVLAR | H. S. E.

Tantôt ce sont les frères, les sœurs, les époux :

D. M. S. | HOSPES. CAES. N̄N̄N̄. SER . P | VIXIT
ANN. XVIII. M. III. | DIEB. XVII. FRATER | MERENTI.
FECIT.

ATTICA | CAESARIS. SER | PIA. VIX | *(sit.)* ANIS. X.
H. S. E. | VICTORIA | SORORI CARISSIM.

D. M. S. | PRI . MVS. CAES. | N̄. SER.VVS. EX. |
ER. CHI. TA. TOR | CVR. SO. RVM

FE. CIT. ROG. | ATO. FRA. TRI. | CA. RIS. SI. MO |
SVO. VIX. AN. | NIS. LXX. M III | D. XV H. S. E

DIS. MANIB. SACR. | IVLIA. SISSONIA. PIA. | VIXIT.
ANNIS. XXXV | II. S. E. | TEI. ROMANVS. CONIVCX *(sic)*
| PIISSIME. SANCTISSIMAE | INDVLGENTISSIMAE.
FICI *(sic)* | ITEM. FVNDANIAE. MINOR | SOC. FECI.
V. A. LXXXX. H. S. E.

DIS. MANIB. SACR | ALEXANDER CAES. N̄ | SER.
NOTARIVS. PIVS | VIX. ANN. XL. H. S. E. | FLAVIA.
ATALANTE | CONIVGI. DE SVO. FECIT.

Ou enfin les compagnons mêmes d'esclavage :

*(pi)*VS. VIXIT. ANNI *(s)* | XXXXVIII | VITALIS.
CONSER. FECIT.

D. M. S. VINDEX. AVG. SER. ADIVT. | TABVL. PIVS.
VIXIT. ANN. L | BENE. MERENTI. FECIT. SILVANVS |
COLLEGA. H. S. E.

AVCTA. CAES. N̄. SER | PIA. VIXIT. AN. XXIIX |
H. S. E. — DYONISIVS. CONSER | O. M. F.

Mais cette remarque n'est pas la seule. Au milieu de
tombes d'esclaves, et quoique en moins grand nombre, se
trouvent aussi des tombes d'affranchis, d'hommes libres,
de soldats même et de vétérans :

D. M. S. | Q.IVLIVS. VICTORINVS | MILES. COH.
Ī. VRBAN | VIX. AN. XXIX MENS III | H. S. E.

D. M. S. | FLAVIVS. FRATERNVS. MIL | LEG. VII.
G. F. APVLONI. VI | XIT. AN XXVIII. MIL. AN VIIII
| II. S. E. | VALERIVS. FLAVVS. PRI | MIPILI.
HERES. F. C.

C. IVLIVS. ROGATVS. VETER | PIVS. VIX. ANN.
LXXX | H. S. E.

Enfin, lorsqu'on étudie de plus près ces épitaphes, on voit que les hommes libres, ensevelis dans le cimetière des Esclaves, appartiennent aux rangs inférieurs de la société romaine, comme les soldats et le vétéran dont je viens de rapporter les noms. La plupart même font partie de la famille domestique des Césars et y remplissent des emplois identiques à ceux des esclaves. C'est ainsi que, parmi les *æditui*, il y en a plusieurs qui sont esclaves et un qui ne l'est pas ; sur deux *pædagogi*, un seul est esclave ; sur neuf *adjutores tabulariorum*, les uns sont esclaves, et les autres paraissent libres ; sur treize *tabellarii*, il y a à peu près autant d'hommes libres que d'esclaves ; et ainsi des autres.

Je ne sais si l'on pourra proposer, plus tard, une solution complètement satisfaisante du problème que présentent ces circonstances particulières. Peut-être des fouilles ultérieures permettront-elles de les expliquer autrement. Dans tous les cas, il faut attendre la fin des travaux pour se prononcer en pleine connaissance de cause.

Pour le moment, il me semble voir ici simplement une application de la loi qui autorisait, dans l'Empire, la libre création d'associations funératices.

Cette loi permettait aux pauvres ou, comme elle s'exprime, aux petites gens (*tenuioribus*) de s'associer pour pourvoir à leurs funérailles. Ce sont les termes mêmes du Jurisconsulte Marcien dans le Digeste : « *Permittitur* TE-

» NUIORIBUS *stipem menstruam conferre, dum tamen semel*
» *in mense coeant (1);* » texte qui est expliqué par l'inscription de Lanuvium, que Mommsen (2) rapporte, en la
commentant : « *Qui stipem menstruam conferre volunt, in*
» *id collegium coeant, conferendi causa unde defuncti*
» *sepeliantur.* » Et le Digeste constate que les esclaves
pouvaient être admis dans les associations de cette sorte :
« *Servis quoque licet,* dit Marcien, *in collegio tenuiorum*
» *recipi, volentibus dominis. (Dig.* XLVII, 22.) »

Ce privilége était, il est vrai, d'abord particulier à Rome
et à l'Italie. C'est Septime Sévère qui l'étendit, comme on
sait, à toutes les Provinces, et par conséquent à l'Afrique :
« *Quod privilegium non tantum in Urbe,* dit encore le Digeste, *sed et in Italia et in Provinciis locum habere Divus
Severus rescripsit* (3). » Or, Septime Sévère vivait à la fin du
second et au commencement du troisième siècle, et le
caractère épigraphique de nos inscriptions paraît répon-
dre à cette époque. De plus, le texte de nos épitaphes
montre que les sépultures du cimetière de Malga, le quartier des pauvres, étaient précisément celles des petits *(tenuiorum)* auxquels les Associations funératices étaient per-
mises. Enfin, l'une d'elles, assez obscure, à la vérité, parle
d'*alumni*, terme qu'adoptaient souvent les associés de ces
sortes de confréries, comme ils employaient celui de *schola*
pour l'édifice où se tenaient leurs réunions, dans l'enceinte même des cimetières.

DIS. MAN. SACR | IVLIA VLTRIX. PIA | VIXIT.
ANNIS. XXVIII | H. S. E. | ALVMNI. EIVS. OB. ME |
RITVM. FECERVNT

---

(1) Digest., XLVII, 22, 1.
(2) Mommsen, de Collegiis et Sodalitibus. p. 87 et seq.
(3) Digest., XLVII, 22, 1.

Tout semble donc concourir à faire conjecturer que le cimetière de Malga était celui d'une association funératice dont les esclaves les plus élevés et les bas officiers de la Maison Impériale formaient une grande partie. Ainsi s'expliquerait la présence, dans le même cimetière, d'esclaves et d'hommes libres, et les autres particularités que j'ai indiquées.

Je signalerai un autre point sur lequel ces inscriptions semblent contredire une opinion généralement reçue. Il est admis, en effet, par tous les historiens de l'esclavage antique et par vous-même, Monsieur, si je ne me trompe, que le mariage légal, le *conjugium*, a été constamment interdit aux esclaves. On ne leur accordait que la simple union de fait, le *contubernium*, et ce n'était que par exception que les noms d'époux leur étaient donnés. Dans nos inscriptions, au contraire, les titres de *conjux*, d'*uxor*, de *maritus* leur sont constamment attribués. Celui de *contubernalis* ne s'y trouve en tout que trois fois.

Peut-être faut-il voir là un adoucissement destiné à compenser, comme on l'a fait de notre temps pour les transportés en pays lointains, l'absence de la patrie. Plusieurs semblent, en effet, avoir considéré cet exil comme intolérable. Sur une de nos épitaphes, un mari parle de sa reconnaissance pour le sacrifice qu'avait fait sa femme en le suivant jusqu'en Afrique :

DIS. MANIBVS. SACRVM | CLAVDIAE. TI. F. FVRESIS.
PIA. VIX. | ANN. XVII. VALENTINVS.. EX | NVMERO.
CVBICVLARIORVM. AVG. | FECIT. VXORI. CARIS-
SIMÆ. ET. OB | MERITIS. QVOD SE SECVTA ESSET |
IN PROVINCIA AFRICA. H. S. E.

Un autre le lui dit en vers :

PRIMA ÆTATE TVA RAPTA IES CARISSIMA
CONIVX | ANNIS BIS DENIS ET SEX TIBI VITA PRO-
BATA EST | ROMA TIBI GENUS EST, FATVM FVIT VT
LIBYS ESSES !

Je termine en appelant votre attention sur quelques-
unes des fonctions remplies par les esclaves de la Maison
Impériale, ensevelis au cimetière de Malga. Je remarque
entre autres, parmi eux :

> des *Pedisequi,*
> des *Adjutores a commentariis,*
> des *Æditui,*
> des *Pædagogi,*
> des *Notarii,*
> un *Exerchitator* (sic) *cursorum,*
> des *Adjutores tabulariorum,*
> des *Tabellarii,*
> un *Custos tabularii,*
> des *Librarii,*
> un *Agrimensor.*

Quelques-unes de ces charges sont importantes et délicates. Elles supposent un degré relativement élevé de
culture intellectuelle, et on ne s'étonne pas, après cela,
des sentiments quelquefois pleins de délicatesse dont l'expression se retrouve sur nos épitaphes :

D. M. S. | DEXTER. IMP. | N̄. SER. AEDITV̄S |
PIVS. VIXIT. AN | NIS. P. M. LXXXV. | CVIVS CORPVS
DIG | NE. EVENIT VT A FILIO | EIVS. HONESTE.
FVNE | RARETVR. H. S. E.

DIS. MANIB. SAC. | EPAPHRODITVS | AVG. VERNA.
PIVS | VIXIT. ANNO. VNO | DIEBVS XVII | O.
DVLCIS. BVCCLI | H. S. E.

Je m'arrête, car ce n'est pas une étude complète que je
veux faire ici. J'ai seulement voulu prouver, et il me
semble l'avoir fait, pour cette période comme pour la précédente, l'utilité de recherches archéologiques à Carthage
et la nécessité de les poursuivre.

Je passe donc à la période chrétienne.

IV

La découverte la plus importante pour l'archéologie
chrétienne, que le R. P. Delattre ait, jusqu'ici, faite à Carthage, et cette découverte lui appartient en propre, est
celle des cimetières chrétiens primitifs de cette capitale,
ou tout au moins des principaux d'entre eux.

Pour se rendre compte de l'intérêt que présente ce fait,
il faut se rappeler ce qu'ont fourni de trésors à l'art, à la
science, à l'histoire, à la théologie elle-même, les cimetières
chrétiens de Rome. Or, à Carthage, s'il faut s'en rapporter au témoignage de Tertullien, les cimetières chrétiens paraissent avoir eu une importance non moins
grande. Ils y résumaient toute la vie extérieure de
l'Église. Ce Père, parlant des cris que poussaient les
Païens pour demander la destruction du Christianisme,
n'en cite qu'un seul qui équivalait à tous les autres :
Areæ non sint ! Plus de cimetières ! « CUM DE AREIS SEPUL-
TURARUM NOSTRARUM adclamassent : AREÆ NON SINT! (1) »

____

(1) Tertull., *Ad Scapulam,* c. III.

Tant que l'Afrique du Nord est restée à peu près fermée aux explorations de la science, il était difficile de se faire une exacte idée de ces *areæ* primitives. Leur nom semblait indiquer des cimetières à ciel ouvert, ou, comme nous dirions aujourd'hui, *des champs de repos*. Mais les termes des anciens écrivains étaient assez obscurs pour laisser place au doute. On savait seulement que les principaux martyrs de Carthage avaient été ensevelis dans les *areæ*, que des Basiliques s'étaient plus tard élevées sur leurs tombes, que les Fidèles avaient ambitionné l'honneur de reposer auprès de ces martyrs ; mais on savait la même chose des catacombes de Rome, et dans les mêmes termes à peu près. D'autre part, on avait découvert de vastes catacombes près de Carthage, et d'autres encore sur divers points de l'Afrique, à Cherchell, en particulier, l'ancienne *Cæsarea*, capitale des Mauritanies. Les *areæ* faisaient-elles donc partie des catacombes carthaginoises ? Etaient-elles, au contraire, des cimetières à ciel ouvert, comme le cimetière des Esclaves, dont j'ai parlé tout-à-l'heure ? Mais alors, comment les réunions des Chrétiens persécutés pouvaient-elles s'y tenir ? Comment pouvait-on y célébrer le culte sur la tombe des martyrs ? Et si ce n'étaient que des cimetières ordinaires, comment les persécuteurs pouvaient-ils les poursuivre avec tant de rage ? La haine, d'ordinaire, s'arrête devant la mort.

Telles étaient les questions que jusqu'à ces derniers temps s'adressaient les archéologues. Il était impossible de les résoudre.

J'ai été assez heureux, je le crois, pour porter dans ces obcurités un commencement de lumière, par des fouilles faites, il est vrai, sur un autre point de l'Afrique du Nord, à *Cæsarea*, la Cherchell actuelle. Mais la forte unité qui reliait, sous la primatie de Carthage, toutes les Églises africaines et qui maintenait parmi elles, grâce à leurs nombreux conciles, l'uniformité de la discipline, permet de penser que les dispositions constatées dans le cimetière chrétien de la capitale de la Mauritanie Césarienne étaient communes aux autres cités et particulièrement à Carthage.

C'est sur les indications de M. de Rossi (1) que j'ai en-

---

(1) Ce sont deux inscriptions publiées dans le *Recueil des Inscriptions Romaines de l'Algérie*, qui ont appelé sur cette question l'attention du monde savant.

La première avait été placée à l'entrée d'un cimetière chrétien ; la voici :

```
AREAM AT SEPVLCHRA CVLTOR VERBI CONTVLIT
ET CELLAM STRVXIT SVIS CVNCTIS SVMPTIBVS
ECCLESIÆ SANCTÆ HANC RELIQVIT MEMORIAM
SALVETE FRATRES PVRO CORDE ET SIMPLICI
EVELPIVS VOS SATOS SANCTO SPIRITV
ECCLESIA FRATRVM HVNC RESTITVIT TITVLVM. M. A. I. SEVERIANIC· V
EX·ING. ASTERI.
```

La seconde était destinée à une sépulture particulière du même cimetière, celle qui renfermait les restes de la mère du prêtre Victor, qui est le même que l'Évelpius de l'inscription précédente :

```
IN MEMORIA EORVM
QUORUM CORPORA IN AC
CUBITORIO HOC SEPULTA
SUNT ALCIMI CARITATIS JULIANÆ
ET ROGATE MATRIS
VICTORIS PRESBYTERI
QUI HUNC LOCUM CUNCTIS
FRATRIBUS FECI
```

M. de Rossi, à qui ces deux inscriptions furent communiquées, les commenta avec sa science ordinaire, constata, par leurs caractères épigraphiques, par leurs formules archaïques, leur haute antiquité qu'il faisait remonter au temps des persécutions, c'est-à-dire au troisième et peut-être même à la fin du second siècle. Il y vit surtout une occasion de se rendre un compte exact de ce qu'étaient les cimetières chrétiens en Afrique ; et comme l'inscription avait été trouvée dans mon Diocèse, il me demanda de faire faire les recherches nécessaires pour retrouver l'antique cimetière dont l'existence était ainsi révélée. Ces recherches, j'ai voulu les diriger moi-même, et j'en ai consigné les résultats dans une étude encore inédite. Ce sont ces résultats que j'analyse dans le corps de ma lettre.

trepris les fouilles dont je viens de parler. J'en ai envoyé à ce savant illustre un compte-rendu détaillé. Je ne puis songer à le reprendre dans cette Lettre, où il serait d'ailleurs inutile. Il suffit, pour mon sujet, que je vous en dise les résultats.

J'ai donc pu constater ce qu'était l'*area ad sepulcra* de la communauté chrétienne de Iol-Césarée, au temps des persécutions et probablement dès le second siècle.

C'était, je me hâte de le dire, un cimetière établi à la surface du sol, mais disposé néanmoins pour permettre, sans danger, en temps ordinaire, les réunions des Fidèles. L'*area* tout entière comprenait un champ d'environ deux hectares, situé à une extrémité de la région des tombeaux, sur la voie qui conduisait à Ténez (l'ancienne *Cartennæ*), et dans le voisinage de cimetières particuliers appartenant à plusieurs colléges payens. Tout à côté se trouvait, en effet, comme j'ai pu le constater ou le conjecturer, du moins, par une inscription, une association de *Cultores Saturni*, la grande divinité de l'Afrique.

Ce cimetière se composait de deux parties distinctes. L'une paraît avoir été complètement ouverte ou du moins simplement fermée par des clôtures naturelles, comme des tertres ou des haies. C'est cette portion ouverte que les écrivains africains nomment aussi l'*hortus*. Elle était destinée au commun des sépultures. Au milieu de l'*hortus* ou de la grande *area* se trouvait une *area* fermée de murs — *area muro cincta* — que les Africains nommaient également d'un nom significatif, l'*area martyrum*.

L'*area martyrum* ou *muro cincta* était bien plus étroite que l'autre. Celle de Césarée, que j'ai mesurée exactement, avait trente mètres seulement de longueur sur quinze de largeur. Elle était entourée de murailles qui s'élevaient assez haut pour en cacher l'intérieur, et avait une seule entrée, par où pénétraient les Fidèles. Cette disposition était, du reste, la même que celle qu'adoptaient en Afrique les colléges funératices payens. Ils avaient, au milieu de leurs sépultures, un édifice, la *schola*, destiné à leurs réunions, à leurs banquets et à leurs collectes. L'*area muro cincta*, qui était ordinaire, ne devait donc pas appeler l'attention des païens, et elle permettait aux Fidèles de se réunir pour leur culte, en usant du privilége légal accordé aux associations des funérailles.

L'*area hortus* ou première enceinte éloignait déjà les profanes. L'*area martyrum* ou *muro cincta*, que l'on appelle aussi quelquefois *Casa major* (1), préservait les Chrétiens des regards indiscrets et, comme son nom l'indique, servait de sanctuaire, puisque c'était sur la tombe même des martyrs que le sacrifice était célébré. Dans ce but, la tombe *(mensa* ou *memoria)* était recouverte par une voûte *(cella)* sous laquelle se plaçait le Pontife entouré de ses ministres.

---

(1) L'un des plus curieux exemples de cette double dénomination d'*arca martyrum* et de *casa major*, prises comme synonymes l'une de l'autre, est celui qui se trouve dans les *Acta Purgationis Cœciliani*, publiés à la suite des Œuvres de saint Optat, au sujet des origines de la cruelle et violente secte des Donatistes. Il y est raconté que, l'évêque de Cirta ou Constantine étant mort à la fin de la persécution de Dioclétien, il se tint dans cette ville un Concile pour l'élection de son successeur. La partie saine de la population chrétienne désirait un Évêque vraiment catholique. Mais les hommes du peuple et, en particulier, les plus grossiers et les plus violents *(arenarii et campenses)*, gagnés à prix d'argent, demandaient avec ardeur un sous-diacre, nommé Silvain, qui avait livré les Saintes Écritures durant la persécution. Pour en venir à leurs fins, racontent les Actes, ils usèrent de ruse, entraînèrent au cimetière les Chrétiens honorables et, une fois là, ils les renfermèrent dans *l'area martyrum :* « *Cives in AREA MARTYRUM fuerunt inclusi;* » un peu plus loin, les Actes reviennent sur cette circonstance et ils disent : *Populus Dei...* IN CASA MAJORI *fuit inclusus* (Acta Purgationis Cæciliani, ad calcem Operum S. Optati), tandis qu'eux mêmes se portèrent avec des cris et des menaces devant la maison située dans la ville et où les évêques étaient réunis.

Les Fidèles se rangeaient tout à l'entour, car la *mensa* occupait le milieu de l'*area* (1). Ils étaient debout, pour la prière, aux jours où ils se réunissaient de préférence, et c'est ce qui explique comment ils pouvaient tenir en si grand nombre dans un étroit espace (2). C'est là qu'ils écoutaient les exhortations qui les préparaient au martyre. C'est là encore que, comme le permettait la loi, ils faisaient leurs collectes mensuelles pour la sépulture et le soulagement des pauvres : « *Modicam quisque stipem,* MENSTRUA DIE, *vel si modo velit, et si modo possit, apponit egenis humandis alendisque* (3).

On comprend, après de tels détails, la rage des persécuteurs contre les cimetières chrétiens de Carthage et leur cris de mort : *Areæ non sint !* Mais on comprend aussi tout l'intérêt qui s'attachait à constater l'existence de ces cimetières, à les retrouver, à en étudier les restes vénérables.

Grâce au zèle du R. P. Delattre, une partie de cette tâche est accomplie. Il ne peut plus y avoir de doute, aujourd'hui, après ses découvertes, sur l'emplacement de plusieurs et peut-être de tous les cimetières chrétiens de Carthage. Ils se trouvaient sur les terrains qui bordaient les anciennes fortifications puniques et romaines, au nord, depuis l'est du village de Malga jusque sur les hauteurs mêmes qui surplombent la mer (4). Les Actes du martyre de saint Cyprien, que j'ai cités dans l'article précédent, indiquaient

---

(1) Mensa illa in medio constituta (S. Aug., Serm. XLVI).

(2) Les dimensions de l'*area muro cincta* de Iol-Césarée étaient exactement les mêmes que celles des premières Basiliques chrétiennes de l'Afrique. Ce sont, en particulier, celles de la Basilique d'*Oppidum Tingitii*, l'Orléansville actuelle, la plus ancienne authentiquement datée de toute l'Afrique du Nord. Elle est de l'an 280 de l'ère mauritanienne, qui correspond à l'an 320 de l'ère chrétienne.

(3) Tertull., Apol., c. 39.

(4) Voir *Pièces justificatives*, n° III.

déjà la sépulture de ce saint Évêque, « près des Piscines, sur la voie des Mappales ou des Magales », c'est-à-dire, comme nous l'avons vu, près de l'emplacement du village actuel de Malga. D'autres Actes, également authentiques, prouvent qu'un cimetière chrétien ne tarda pas à exister, au même lieu, autour de la sépulture de saint Cyprien. Ce sont les Actes de saint Maximilien, mis à mort à Théveste, en 295, c'est-à-dire quarante-sept ans après le grand Évêque de Carthage. Il y est dit qu'une matrone romaine, nommée Pompeïana, ayant recueilli le corps de ce saint martyr, le fit porter à Carthage dans sa litière et ensevelir près de saint Cyprien, et qu'elle-même, étant morte treize jours après, fut enterrée au même lieu : « *Pompeiana matrona corpus ejus de judice eruit et imposito.. in dormitorio suo perduxit ad Carthaginem et.... juxta Cyprianum martyrem.... condidit, et ita post XIII dies eadem matrona decessit et illic posita est* (1). »

Ces indications ont été confirmées d'une manière éclatante par les persévérantes recherches du R. P. Delattre. En moins de deux ans, il a recueilli, sur divers points du terrain que j'ai désigné, QUATORZE CENT QUATRE-VINGT-TREIZE FRAGMENTS D'ÉPITAPHES CHRÉTIENNES. Parmi ces épitaphes, deux cent vingt-sept reproduisaient la formule consacrée *Fidelis in pace*; quatorze portaient la colombe; vingt-sept, la palme; cinq, la croix; plusieurs, le monogramme du Christ; d'autres, enfin, les symboles très-anciens de l'ancre et du vase.

Ce qui est digne de remarque, c'est que toutes ces épitaphes, sans exception, étaient brisées en mille pièces, et que l'on n'arrive qu'avec des difficultés infinies à en

---

(1) Acta S. Maximiliani mart. (*apud* Ruinart, Acta Martyrum sincera,

recomposer quelques-unes. Mais cette circonstance confirme ce que Tertullien et Victor de Vite nous apprennent de la dévastation dont les cimetières chrétiens de Carthage ont été l'objet, de la part des payens, au second et au troisième siècles, et de celle des Vandales Ariens, au cinquième : « *Ipsis Bacchanalium furiis*, dit le premier dans son Apologétique, (1) *ne mortuis quidem parcunt christianis ; quin illos* DE REQUIE SEPULTURÆ, DE ASYLO QUODAM MORTIS, *jam alios, jam nec totos* AVELLUNT, DISSECANT, DISTRAHUNT. » — « *Præsertim*, dit Victor de Vite en parlant des Vandales (2), *in ecclesiis basilicisque Sanctorum*, CŒMETERIIS *vel monasteriis sceleratius sæviebant.* » Je n'ai pas besoin de parler des Arabes. On sait que leur fanatisme n'épargna rien de ce qui rappelait, à Carthage, le souvenir de la religion chrétienne.

Mais une épreuve restait à faire pour donner à ces découvertes un caractère définitif de certitude. Tous les fragments d'inscriptions chrétiennes, recueillis sur l'emplacement des cimetières antiques, l'avaient été, comme au hasard, à la surface même du sol, lorsqu'il se trouvait remué par les charrues arabes. Quoiqu'on ne pût supposer, avec vraisemblance, que des fragments en si grand nombre eussent été enlevés de leurs places primitives, pour être transportés aux lieux où ils ont été trouvés, cependant il fallait lever ce dernier doute, s'il venait à se produire. J'ai donc profité de mon séjour à Carthage pour décider le Père à entreprendre des fouilles profondes, sur un point compris dans le périmètre supposé des *areæ* antiques et qui, en ce moment, se trouvait libre.

L'endroit désigné paraissait propice. D'une part, il touchait immédiatement aux anciens murs de la ville, et,

---

(1) Apolog. XXXVII.
(2) De Persec. Vandal., lib. i, c. 2.

de l'autre, il était près de l'emplacement d'une des portes antiques, auquel les Arabes ont donné le nom de porte du vent *(Bab el Rih)*; enfin et surtout, une grande ruine se voyait à son centre, ce qui, si nos conjectures étaient fondées, semblait devoir indiquer les restes de la sépulture d'un martyr, et de la Basilique qui l'avait recouverte, au temps de la paix.

Les fouilles ont été commencées, il y a deux mois. Nous y avons employé les ressources qui provenaient de la cession, faite à la Bibliothèque Nationale, des cent treize inscriptions du cimetière des Esclaves. Ces ressources, à la vérité, ne peuvent suffire pour achever un tel travail; mais quoiqu'incomplètes, les fouilles ont pleinement confirmé nos prévisions.

Dans un espace qui mesure environ un hectare, les ouvriers ont trouvé plus de six cents fragments d'épitaphes chrétiennes (1). Et ce qui est absolument décisif, c'est que, parmi ces inscriptions, il ne s'est pas trouvé un seul fragment qui se rapportât au paganisme. On sait que, dans les premiers siècles, les lois disciplinaires de l'Église interdisaient la sépulture des Fidèles dans

---

(1) Voici quelques-unes de ces inscriptions, appartenant aux diverses époques de l'existence de ce cimetière qui paraît commencer vers le temps du martyre de sainte Perpétue, c'est-à-dire vers la fin du second siècle, et se continuer jusqu'à la conquête arabe:

BENENATA FIDELIS IN PACE VIXIT ANN LXXI··· KAL DECE

CRESCONIVS FID(el) I IS IN PACE VIXIT···

···· DVLCIS IN PACE ·····

BONIFATIA FIDELI(s *in pace*)

ACILES FIDELIS IN PAC(e)

···· NA FIDELIS IN PACE VIXIT I ········· DPXI KAL APRIL

···· FIDELES IN PACE ····

NVCERIVS FIDELIS (*in p*)AC(e) VIXIT····

+ MARTANA PINP VIXIT AN I NOS V DEPOSITA V K IVNIAS I INDITIONE XII

les cimetières des payens, et celle des payens dans les cimetières ecclésiastiques. Cette loi était sévèrement observée en Afrique. A Carthage même, saint Cyprien donnait comme une preuve de l'indignité d'un Évêque espagnol, d'avoir fait enterrer ses fils dans le cimetière d'une association payenne et au milieu d'hommes qui leur étaient étrangers par leur foi : « *Martialis*, dit-il, *præter gentilium... collegia diu frequentata et filios in eodem collegio, exterarum gentium more, apud profana sepulcra depositos et alienigenis consepultos* (1). · »

La réunion de ces deux circonstances, que de très-nombreux fragments d'épitaphes chrétiennes des premiers siècles se trouvaient enfouis sur tous les points du sol sondé par nous, et qu'on n'a pu y trouver, au contraire, aucun fragment d'inscription payenne, est donc une preuve sans réplique que les cimetières que le P. Delattre a découverts, sont des cimetières chrétiens.

J'ajoute que ce sont des cimetières chrétiens d'une très-haute antiquité ; car, d'une part, ces fragments d'inscriptions se retrouvent à une profondeur d'au moins trois mètres et appartiennent à toutes les époques, depuis le troisième siècle jusqu'au sixième ; mais, de plus, au-dessous de ces débris, et à quatre mètres au moins du sol actuel, on trouve des tombes encore plus anciennes, sans inscriptions, sans signes religieux d'aucune espèce, encore intactes, avec leurs squelettes, avec tous les caractères, enfin, qui excluent le paganisme et qui annoncent la nécessité de cacher un culte persécuté. C'est ce que j'avais déjà constaté, à Cherchell, pour les sépultures du cimetière chrétien, qui dataient des siècles de persécution.

Enfin, conformément à ce que nous savons des habitudes des premiers Fidèles, ces tombes sont surtout pres-

---

(1) S. Cypriani Epist. LXVIII ad Clerum et plebem Hispaniarum.

sées et comme entassées autour des ruines encore apparentes du monument considérable construit vers le milieu
du cimetière. C'était, comme nous l'avons vu par les Actes
du martyre de saint Maximilien, une dévotion spéciale
aux Fidèles d'Afrique, de se faire inhumer près de la
tombe des martyrs.

Je n'ai pas besoin d'ajouter que nous avons, autant que
nous l'avons pu, fait fouiller les ruines elles-mêmes.
Elles se divisent en deux parties distinctes dont les plans
ont été soigneusement relevés. Dans la première, nous
avons trouvé, renversées et brisées à côté de leurs piédes-
taux, cinq colonnes de marbre blanc, une de marbre noir
cannelé, plusieurs chapiteaux d'un bon travail, en un
mot, les restes évidents d'une Basilique.

Dans la seconde, de vastes salles, encore couvertes de
leurs mosaïques, des réservoirs pour les eaux, des bassins,
des conduits, sans doute un *Secretarium*, comme en
avaient à côté d'elles les Basiliques de Carthage, si vastes
que les Conciles pouvaient s'y réunir (1), ou peut-être des
Thermes chrétiens.

Aucun de ceux qui ont étudié ces questions délicates,
ne pourra donc révoquer en doute que nous ne soyions en
possession d'un ancien cimetière chrétien de Carthage, de
la Basilique d'un martyr, et des édifices dont elle était entourée.

Cette Basilique, quelle est-elle? C'est bien là, je le sais,
une question à laquelle il serait intéressant de ré-
pondre. Mais pour le faire sans trop s'aventurer, il faudrait achever nos fouilles et découvrir complètement les
ruines, c'est-à-dire emporter environ dix mille mètres cu-
bes de déblais.

---

(1) Les Conciles de Carthage de 391, 397, 398, 401, 408, 411, 419,
525 se réunirent non dans les Basiliques, mais dans leurs *secretaria*.
Voyez *Morcelli, Africa Christiana,* passim.

Vous voyez ce qui nous arrête ; et cependant tout semble promettre un résultat de nature à récompenser nos travaux. Les indices recueillis jusqu'ici nous font croire que nous avons retrouvé la tombe de l'une des plus illustres femmes de l'Église Africaine, de l'une des martyres les plus héroïques du Christianisme. La salle la plus vaste du *Secretarium* était encore pavée de sa mosaïque. Cette mosaïque, dans un bon état de conservation, représente, à son centre, une femme, une Sainte qui, selon les vraisemblances, est celle en l'honneur de laquelle la Basilique est dédiée. Aucune inscription ne nous apprend son nom, il est vrai ; mais en réunissant les symboles que l'artiste a rassemblés dans son œuvre, selon l'usage de ces premiers temps, et en les rapprochant de ce que nous apprennent les Actes des Martyrs de Carthage et les écrits des Docteurs Africains, je suis tenté, trop tôt peut-être, de mettre sous cette image le nom de *Sainte Perpétue*. Je vous en envoie la copie, afin que vous en puissiez juger à votre tour (1).

----

(1) Le dessin de cette mosaïque est reproduit à la fin de cette Lettre *(Pièces justificatives*, n° V). La femme qui y est représentée, est, comme on peut le voir, debout, dans l'attitude du triomphe. Sa main gauche tient une palme rouge. Ses lèvres semblent s'ouvrir pour un hymne d'actions de grâces. Sous ses pieds est un dragon qu'elle écrase. Sur un autel placé près d'elle, est un miroir à moitié soulevé vers lequel elle se tourne à demi.

Je ne puis m'empêcher, à la vue de ces emblêmes, de me rappeler les Actes du Martyre de Sainte Perpétue.

Tout s'y trouve, en effet :

Le serpent que foule aux pieds Perpétue, dans la vision qui précéda son martyre : « *Et erat sub ipsa scala draco cubans miræ magnitudinis... et de sub ipsa scala, quasi timens me, lente elevavit caput, et cum primum gradum calcassem, calcavi illius caput.* »

Et dans le récit même du martyre :

Perpetua psallebat, caput jam Ægyptii (id est diaboli) calcans.

C'est le sujet même de la mosaïque.

Et pour le miroir, qui est le symbole des visions, il rappelle les vi-

Si ma supposition était fondée, nous serions sur l'emplacement de la Basilique où, selon Victor de Vite, étaient ensevelies sainte Perpétue et sainte Félicité, avec leurs compagnons martyrs : *Basilica ubi sanctarum Perpetuæ et Felicitatis corpora sepulta sunt* (1); celle qu'il nomme *major*, ce qui expliquerait la magnificence et l'étendue de nos ruines.

Mais je m'aperçois que je passe les bornes de la sagesse. « *Sapiens*, disait autrefois la grammaire latine du sage Lhomond, *nihil affirmat quod non probet.* » Et il m'est impossible de rien prouver, sinon que, réduits à nos forces individuelles, nous ne pouvons suffisamment éclaircir aucun des problèmes, si intéressants qu'ils soient, qui se présentent ici, chaque jour.

<h1 style="text-align:center">V</h1>

Ce serait le trait du Parthe, si, avant de finir, je ne tenais à proposer à votre Académie un exemple domestique, de nature à la convaincre, mieux encore que tout le reste, de la valeur de ma requête.

---

sions fameuses des Actes de ce martyre, qui en font comme le caractère propre : « *Itaque et nos qui, sicut prophetias, ita et visiones novas pariter repromissas et agnovimus et honoramus.* C'est ainsi qu'ils commencent ; et plus loin, en parlant des visions de sainte Perpétue : *Ostensum est mihi hoc in oramate... Pridie quam pugnaremus, video in oramate.*

Enfin, la Sainte s'appuie sur un autel et tient en sa main quelque chose qui semble n'être autre que ce que sainte Perpétue reçut, en vision, de la main même du Bon Pasteur, tandis que tous les assistants répondaient : *Amen !* c'est-à-dire, d'après les Bollandistes et tous les autres commentateurs, la Sainte Eucharistie : « *Dedit mihi quasi buccellam... et experrecta sum, commanducans nescio quid.* » (Passio sanctarum Perpetuæ et Felicitatis, ap. Ruinart.)

(1) Hist. Persec. Vandalic., lib. I, c. 3.

Il y a déjà un demi-siècle, un Membre de l'Académie des Inscriptions, qui a honoré votre Compagnie par ses studieuses recherches, M. Dureau de la Malle, a réalisé ce que je ne craindrai pas d'appeler un véritable tour de force archéologique et littéraire. Sans jamais avoir vu Carthage, il avait entrepris d'en reconstituer la topographie et de réfuter les systèmes monstrueux qui avaient encore cours à cet égard. Il y parvint, sauf de rares erreurs, graves sans doute, mais inévitables à distance. A force de sagacité et de science ingénieuse, il reconstitua la Carthage Punique et Romaine. Le résultat de ses études est consigné dans le volume intitulé : *Recherches sur la Topographie de Carthage.* C'est une mine féconde où l'on trouve, reproduit ou résumé, à peu près tout ce que les auteurs anciens nous ont laissé sur ce sujet.

Mais ce que j'admire encore plus que l'ouvrage lui-même, c'est la passion généreuse dont s'éprit le docte Académicien pour le sujet de ses études. En ce temps-là, le budget de la science n'était pas doté, comme il l'a été généreusement depuis. M. Dureau de la Malle avait vainement signalé à l'État l'intérêt que présentaient les riches et immenses ruines dont il voulait reconstituer l'histoire ; il n'avait rien obtenu pour les recherches qu'il désirait y faire entreprendre, afin de justifier et de compléter ses travaux. Las de frapper à une porte qui restait ainsi fermée, il imagina le plan d'une Société privée qui devait entreprendre ce que l'État ne pouvait pas faire. Le prospectus de cette Société a été imprimé à Paris ; il forme un fascicule de douze pages. Il se rapporte trop bien à mes propres préoccupations, et il est assez curieux pour que je n'hésite pas à le reproduire. C'est d'ailleurs, je le répète, pour l'Académie des Inscriptions, comme un titre de famille, car elle avait pris sous son patronage les travaux archéologiques de M. Dureau de la Malle sur Carthage, et M. Sylvestre de Sacy, son Secrétaire perpétuel, en avait accepté la dédicace officielle.

Le prospectus que j'ai sous les yeux, se compose de deux parties distinctes : un exposé de la question, et un projet d'Acte de Société.

Voici d'abord l'exposé :

SOCIÉTÉ

pour l'exploration et les fouilles du sol de l'ancienne Carthage

PRÈS DE TUNIS (EN AFRIQUE)

La situation de Carthage, il y a quelques années, ne nous était presque pas connue. Le beau plan topographique que M. Falbe, capitaine de vaisseau, consul de Danemark à Tunis, a levé des ruines de cette ville, les nombreuses recherches que M. Dureau de la Malle a faites dans les auteurs grecs, latins, arabes et modernes, ont fait connaître avec précision, non-seulement l'emplacement, mais la position exacte des principaux monuments de cette ville fameuse.

Carthage, qui a civilisé la Libye, soumis l'Afrique et l'Espagne, qui a porté ses flottes guerrières ou commerçantes depuis l'Écosse jusqu'aux rives tropicales de l'Afrique, qui a conquis la Sardaigne et la Sicile, assujetti la Méditerranée presque entière, Carthage, qui pendant près d'un siècle a arrêté l'essor de Rome conquérante, qui a entraîné dans sa chute la Grèce et l'Asie, Carthage enfin, dont l'incendie a signalé la ruine des libertés de l'univers, s'est acquise une telle célébrité dans l'histoire, qu'elle mérite à coup sûr d'être exhumée de ses décombres.

Si l'on formait, en Europe, une société pour exécuter des fouilles dans l'enceinte du temple d'Astarté, qui a deux mille toises de tour et dans laquelle étaient renfermés des temples de toutes les autres divinités protectrices de Carthage, il est certain que la spéculation serait fort avantageuse, et que ce sol, étant vierge et n'ayant jamais été remué, fournirait un grand nombre d'objets d'art romains et et même puniques. Ces derniers, fort rares dans les collections, au-

raient une valeur commerciale très-grande, qui récompenserait avan-
tageusement les avances faites pour ces fouilles. On retirerait à la
fois un profit considérable de ces travaux et beaucoup de matériaux
utiles.

Les fouilles entreprises depuis dix ans à Volterra, à Céré, à Canino,
à Ruvo, dans l'Etrurie et le royaume de Naples, ont donné des résultats immenses, et amplement récompensé la hardiesse et la patience de leurs explorateurs.

M. Dureau de la Malle a prouvé par de nombreux témoignages que
les beaux arts ont fleuri dans l'opulente République de Carthage, que
le voisinage de la Sicile, la conquête d'une grande partie de cette île
par les Carthaginois leur a inspiré le goût des chefs-d'œuvre de la
Grèce, et qu'indépendamment de leurs artistes nationaux, ils se sont
servis des artistes Grecs, comme l'ont fait, depuis, les Romains, pour
la décoration de leurs maisons privées, de leurs édifices publics, et
l'embellissement de leur capitale. Après la prise de cette ville par
Scipion-Émilien, Carthage fut rebâtie sur le même emplacement par
les Romains, décorée de somptueux édifices, et devint, pour les richesses et la population, la seconde ville de l'empire.

C'est donc l'exploitation d'une mine très-riche et dont nous con-
naissons avec certitude le gisement, que nous proposons, avec une
pleine confiance, à nos souscripteurs. Des vases, des bijoux, des mé-
dailles en or et en argent, des bas-reliefs en marbre, des statues en
porphyre, en albâtre, en marbre ou en airain, des pierres gravées,
des objets d'art de tout genre, grecs ou puniques, doivent se trouver
en abondance, à mesure qu'on remuera la terre pour arriver au sol
primitif, recouvert par dix ou douze pieds de débris.

Les fouilles seront conduites par un architecte habile, habitué à
diriger ces sortes d'explorations.

Le consentement du bey de Tunis est assuré pour l'exécution des
fouilles et pour l'exportation des objets qu'elles auront produits.

L'Italie nous a précédés dans ce genre fructueux et honorable de
spéculations qui ont à la fois enrichi les musées de l'Europe et les
explorateurs hardis qui les ont entreprises. Si des fouilles exécutées
sur le sol antique de quelques villes obscures de l'Italie ont produit
des résultats si importants, que ne doit-on pas attendre lorsque des
travaux semblables seront entrepris et dirigés avec intelligence et
avec habileté sur le sol encore vierge d'une capitale aussi célèbre,
aussi opulente et aussi somptueusement décorée que l'ancienne Carthage.

Voici maintenant le projet de l'acte de Société:

Par devant M⁰ LAIRTULLIER et son collègue, notaires à Paris, sous-signés,

Furent présents :

Sir Grenville Temple, lieutenant-colonel de housards au service de S. M. Britannique ; M. Dureau de la Malle, membre de l'Institut, etc., etc.

Lesquels, voulant se réunir pour explorer en commun, dans l'intérêt des sciences et des arts, le sol sur lequel florissait autrefois l'opulente ville de Carthage en Afrique, et en extraire, par des fouilles, les objets précieux de toute espèce, qui peuvent s'y trouver enfouis, ont requis les notaires soussignés de rédiger les bases de cette association dans les termes ci-après :

ARTICLE PREMIER.

MM.   déclarent, par ces présentes, s'unir et même s'associer, en tant que besoin seulement, mais comme simples communistes, sans entendre former aucune Société de commerce ni se soumettre à aucune solidarité, pour faire exécuter des fouilles sur le sol que couvrait jadis l'ancienne ville de Carthage en Afrique, et exporter en France tous les objets d'art et de science qui pourront y être trouvés.

ART. 2.

La Société formée entre les comparants dans les termes qui viennent d'être exprimés, durera   années, à partir du jour où l'agrément du bey de Tunis, sous la dépendance duquel l'emplacement de ladite ville de Carthage se trouve situé, aura été obtenu, et que, par suite, les travaux pourront être commencés.

Elle ne pourra être dissoute avant cette époque, sauf ce qui sera dit sous l'article 8 ci-après, et pendant la durée desdites   années, les parties renoncent à tout partage des objets à provenir des fouilles en question.

Art. 3.

L'administration des intérêts communs, la direction et surveillance spéciale des opérations de l'entreprise sont confiées à M.
qui l'accepte.

En qualité d'administrateur, M.   tiendra la caisse et recevra les mises de fonds ; il fera aussi toutes les dépenses que nécessitera la prospérité de l'entreprise, mais il ne pourra jamais souscrire, pour les affaires de la même entreprise, aucuns billets, lettres de change ou autres effets de commerce.

Comme directeur, M.   déterminera les points du sol à explorer, les travaux à exécuter et le nombre des ouvriers qui devront être employés ; il est autorisé à se faire aider d'un architecte ou d'un géomètre-arpenteur pour conduire et inspecter les travaux sur les lieux.

M.   devra prescrire audit architecte ou géomètre, la tenue d'un livre-journal sur lequel ce dernier inscrira, jour par jour, les travaux exécutés et la désignation des objets trouvés; ce livre, dont les feuillets seront côtés et paraphés, par premier et dernier, par M.   , devra être signé aussi, jour par jour, par l'architecte ou géomètre et par le contrôleur des travaux.

Art. 4.

Pour l'opération dont s'agit, MM.
mettent en commun un fonds de vingt mille francs qui sera fourni par chacun d'eux dans les proportions suivantes :

Par M.   dans la proportion d'un   ou de
En conséquence, c'est dans ces proportions que MM.
                    partagent les bénéfices et qu'ils contribueront aux dépenses.

Art. 5.

Pour faire face aux premiers frais d'exploration, chacune des parties versera la moitié de la somme pour laquelle elle a été établie ci-dessus s'intéresser dans l'entreprise, dans les huit jours qui suivront l'obtention de l'agrément du bey de Tunis.

A l'égard de l'autre moitié, chacune des parties la versera par quart au fur et à mesure des besoins de l'entreprise, et après délibération générale des parties intéressées dans la présente association.

Art. 6.

En cas de décès de l'une des parties, les présentes conventions continueront d'être exécutées avec ses héritiers, pour tous les objets extraits des fouilles jusqu'à l'époque de sa mort ; mais elles resteront sans effet, à l'égard desdits héritiers, pour les découvertes ultérieures auxquelles ils seront absolument étrangers, à moins que les autres parties survivantes ne consentent unanimement et par écrit à les y faire participer.

Si la partie décédée laissait plusieurs héritiers, ceux-ci ne pourraient concourir aux délibérations et particulièrement aux bénéfices que par un seul d'entre eux.

Art. 7.

Tous les six mois, à partir de l'obtention de l'agrément du bey de Tunis, il y aura réunion générale de toutes les parties intéressées.

Dans cette réunion, M.   , en qualité d'administrateur et de directeur, présentera un état exact des découvertes faites dans cette période et de la situation financière de l'association.

Art. 8.

S'il résulte de ce rapport que les fouilles effectuées ne présentent pas de chances favorables, chaque associé aura le droit de demander l'annulation des présentes conventions ; elle sera prononcée, si tel est l'avis de la majorité.

Cette annulation aura lieu de plein droit, en cas d'épuisement total des vingt mille francs sans résultat utile.

Art. 9.

A l'expiration des   années ci-dessus fixées, ou si les présentes conventions venaient à cesser dans l'un des cas prévus par l'article qui précède, les parties délibèreront entre elles sur le mode de procéder au partage des objets curieux de toute espèce, qui auront pu être tirés du sol de Carthage ;

Ou ces objets seront vendus par le ministère d'un commissaire-priseur pour le produit, déduction faite de tous frais, en être partagé entre les co-intéressés dans les proportions établies en l'article 4 ci-dessus,

Ou lesdits objets seront tirés au sort.

A cet effet, il sera préalablement fait une estimation de tous les objets à partager par une personne à ce connaissant, choisie à la majorité des voix.

Il sera ensuite formé, par la même personne, autant de lots que de parties co-partageantes, eu égard aux proportions indiquées sous l'article 4 ci-dessus.

Les lots ainsi formés seront tirés au sort entre les co-intéressés qui, dès lors, jouiront librement et divisément de la portion afférente à chacun d'eux, sauf le cas de soulte, s'il y avait lieu.

Art. 10.

En cas de contestation entre les parties ou leurs héritiers et ayant-cause, au sujet des présentes, il est convenu que les difficultés seront jugées, en dernier ressort, par des arbitres amiables compositeurs, sans forme de procès, ni délais de procédure, dont ils sont dispensés.

A l'effet de quoi, les parties nomment et désignent, dès à présent, pour leurs arbitres et amiables compositeurs....

Pour l'exécution des présentes, les parties font élection de domicile à Paris.

Dont acte, etc.

J'ignore quel a été le résultat pratique de cette initiative. Ce que j'y vois surtout, c'est une preuve de l'intérêt qui s'attache à nos études, et aussi un généreux exemple d'amour de la science. Je ne doute pas que l'Académie ne soit touchée des mêmes considérations et n'y trouve un motif nouveau de suivre une voie honorable et féconde.

Tout est plus facile aujourd'hui qu'à cette époque.

Les ressources abondent pour les entreprises où la science est intéressée. La Tunisie nous est librement ouverte, et au centre même de Carthage, nous avons un Établissement National. Les Missionnaires d'Alger sont là, sur le terrain même de la France qui les a reconnus, autorisés, et qui subventionne leur Collége. Dans ces conditions, rien ne me paraît plus naturel et plus facile que de faire ajouter à leurs travaux une Mission permanente d'Archéologie. Cette Mission, n'ayant point à fournir aux dépenses du personnel qui ne demande rien pour lui-même, consacrerait intégralement à des acquisitions ou à des fouilles tous les fonds qui lui seraient alloués.

Les résultats seraient certainement heureux.

Quant aux objets trouvés ou acquis, ils pourraient être partagés entre la Bibilothèque Nationale et le Musée de Saint-Louis, dont la propriété serait cédée à l'État. Je crois, en effet, utile de laisser à Carthage tout ce qui, dans une collection de cette nature, acquiert, à être vu sur place, une importance exceptionnelle. La France ne pourrait qu'en être honorée aux yeux des étrangers, chaque jour plus nombreux, qui visitent la Tunisie.

Tel est le plan que je propose à l'Académie des Inscriptions par votre bienveillant intermédiaire. J'ose espérer qu'elle lui prêtera son concours. Mais si, pour des raisons que je ne puis prévoir, elle ne pensait pas pouvoir le faire, elle ne m'en voudrait pas, j'en ai la confiance, si, dans un sentiment de patriotisme, j'imitais ce qu'un de ses membres a tenté, il y a cinquante ans, et si je faisais un appel, sous une forme plus désintéressée, à l'initiative privée.

Si j'avais, moi-même, des ressources suffisantes, je les y consacrerais volontiers. Je suis Évêque, et Évêque Missionnaire, c'est-à-dire obligé de trouver du pain pour les pauvres, même avant de chercher des pierres pour la science. Mais rien ne m'empêche, s'il le faut, de plaider unetelle œuvre, et je ne doute pas que, pour l'entreprendre, la France ne trouvât encore des Mécènes.

Il me reste, Monsieur, à vous demander de me pardonner la longueur de cette lettre. Mais le passé seul pouvait me permettre de plaider utilement la cause de l'avenir, et le passé est comme la vieillesse, il aime à raconter longuement son histoire.

Veuillez agréer, Monsieur, l'expression des sentiments de haute considération avec lesquels j'ai l'honneur d'être votre très-humble et très-obéissant serviteur.

† **CHARLES**, Archevêque d'Alger,

Docteur de la Faculté des Lettres de Paris, — Docteur en Droit Civil, — Docteur en Droit Canonique. — Docteur en Théologie,

PIÈCES JUSTIFICATIVES

N° 1

INSCRIPTIONS

D'UN

CIMETIÈRE D'ESCLAVES

DE LA

MAISON DES CÉSARS

découvert à Carthage en 1880

1

DIS. MANIB. SACR.
CRESCENS. CAESARIS. $\overline{\text{N}}$. (1) SER. (2)
PIVS. VIX. ANN. LXXXI
H. S. E.

2

D. M. S.
SALVIVS. C. $\overline{\text{N}}$
SERVVS. PIVS
VIXIT. AN. LXXV
H. S. E.

---

(1) Nostri.
(2) Servus.

3

*Dis. Manibu)*S. SAC.

..........*a)*VG. SER

*pius vixit an)*NIS. XVI

h. s.) E.

*fecit Vi)*CTORIA. MAT.

4

D. M. S.

FL. QVARTA. PIA. VIXIT. ANNIS

XXXX. MENS. III. DIES. XX. SAL

VIVS. PIAE. CONIVGI. FECIT

5

DIS. MANIBVS. SACR.

ANICETVS. AVG.

SER. PIVS. VIXIT. ANN.

II. H. S. E.

FELIX. ET. LAETINA. PARENT. FECER.

A la dernière ligne, N et T forment monogramme.

6

O		T
T	DIS. MANIBVS. SACRVM	T
B	FLAVIA. DORIS. PIA	L
Q (1)	VIXIT. ANN. XXIIII. H. S. E. (3)	S (2)

---

(1) Ossa tua bene quiescant.

(2) Terra tibi levis sit.

(3) Hic sita est.

7

D. M. S.

FLAVIA. AVG.

LIB. SPES. PIA

VIXIT. ANNIS. XXX

H. S. E.

O. T. B. Q.

A la quatrième ligne, N et I du mot ANNIS sont liés.

8

DIS. MANIBVS. SACRVM

FRVCTVS. CAESARIS N̄

SER. PEDISEQ. PIVS.

VIXIT. ANNIS. XXXI.

H. S. E.

9

*Vixit an)*N. XXXXVII

10

AE................(*Cæsa*)

RIS (*n̄ ser. pius vixit*)

ANN. XL..............

H. S. E.

11

DIS. M(*anibus Sacrum*)

IVLIA. PO......(*pia vixit*)

ANNI(*s.....................*)

SATVRV(*s.. ....*)

12

*Vixit a)*NNIS. XVIII

13

D. M. SACRIS *(sic)*
LACES. CAESARIS. N̄. SE
PIVS. VIXIT. ANNIS. XC
H. S. E.
FECIT. MARTIALIS
GENER. M. O. T. B. Q.

14

D. M. S.
P. ACVTILIVS. AM
PLIATVS. PIVS. VI
XIT. ANN. XXXV.
DIEB. VII. H. S. E.

15

D. M. S.
PRIMICI
NIVS. AVG. *(ser)*
V. A. II. M.
H. IIII. S. E.

16

D. M. S.
PRIMIGENIVS
AVG. SER. ADIVT (1). A

____

(1) Adjutor.

COMMENTARIS

P. VIXIT. ANNIS. XIV

H.   S.   E.

17

DIS.   MAN.   SACR.

MAXIMA. AVG. *(ser.)* PIA. VIXIT. ANN. LI

MENS. VIII. DIEB. VIIII. H. S. E.

PRIMIGENIVS. AVG. *(ser.)* FILIAE. PIISSIMAE

ET. DVLCISSIMAE. FECIT.

18

D.   M.   S.

ALETHIA. AVG. SERVA

PIA. VIXIT. ANNIS. XXIII

H.   S.   E.

PRIMIGENIVS. AVG. MA

RINVS. CONIVGI. PIE. FECIT

19

D.   M.   S.

CILNIA. FLORA. PIA

VIXIT. ANNIS. L. II. *(sic)*

FLAVIVS. LVPVS. VXO

RI. PIISSIMAE. FECIT

H.   S.   E.

Au revers de cette plaque tumulaire est gravée une
autre inscription :

20

IANVARIVS. PIVS

VIXIT. ANN. I

MENS. II. D. V

H.   S.   E.

21

..........*Caesaris* $\bar{n}$

SER. *(pius vixit annis)*

XXIV..............

22

DIS. MANIB. SACR.

LICINIA. IANVARIA. PIA

VIXIT. ANNIS. XXXVII

MENSIB. VIII

23

DIS. MAN. SACR.

CLEMENS. CAESARIS. $\overline{\text{N}}$. SER.

PIVS. VIXIT. ANN. XXXIII

H.   S.   E.

24

D.   M.   S.

HOSPES. CAES. $\overline{\text{NNN}}$. SER. P.

VIX. ANN. XVIII. M. III

DIEB. XVII. FRATER

MERENTI. FECIT

25

D.   M.   S.

Q. IVLIVS. VICTORINVS

MILES. COH. $\bar{\text{I}}$. VRBAN.

VIX. AN. XXIX. MENS. III.

H.   S.   E.

26

D. M. S.
DEXTER. IMP.
N̄. SER. AEDITV̄S.
PIVS. VIXIT. AN
NIS. P. M. LXXXV.
CVIVS. CORPVS. DIG
NE. ĒVĒNIT. VT. A. FILIO
EIVS. HONESTE. FVNE
RARETVR. H. S. E.

27

AVCTA. CAES. N̄. SER
PIA. VIXIT. AN. XXIIX
H. S. ·E.
DIONYSIVS. CONSER
O. M. F (1).

28

DIS. MAN. SACR
LIBERAT . . . .

29

LAETA. .CAESARIS
SER. PIA. VIX. AN. XL
DIONYSIVS. CONIVGI
PIAE. FECIT
H. S. EST

O T B Q   T T L S

(1) Optime merenti fecit.

30

DIONYSIVS. TAB (1)

PIVS. VIX. ANNIS

$\overline{\text{L}}$

DIONYSIVS. F. PIETATIS. CAVS

FECIT

31

D. M. S.

M. OPTATVS. A

MILLVS. PIVS

VIXIT. ANNIS

XXXV. H. S. E.

32

DIS. MANIB.

SACR.

SPES. PIA. VIXIT

ANNIS. XXIIX

H. S. E.

33

D. M. S.

P. ALBONIVS

IANVARIVS. PIVS

VIX. AN. XX. II. S. E.

____

(1) Tabellarius.

34

Dis. Manibus.) SACRVM
LAEVIVS. A*(ug. lib.* vel *ser. vi)*
X. AN. LI..............
P. V. H. S. E.

35

DIS. M. S.
EVSEBES. PIVS
VIXIT. ANNIS. $\overline{\text{IIII}}$
MENS. XI. D. XVII
HERMEROS. AVG. *(ser.)*
TAB. VICAR. SVO. FEC.

36

D. M. S.
NIMPHYDIA
MISERINA
VIXIT. ANNO
VNO. M. VIII. DIEBVS
XX. NOCTV. VNA
ORABVS IIII

37

D. M. S.
LVCILIA. FELICITAS
PIA. VIXIT. ANNIS
XIII. MENSIBVS. VI
H. S. E.

38

DIS. MANIB. SACR.
VICTOR. CAESARIS. N̄.
SER. PIVS. VIXIT. ANN
XXVII   II. S. E.

39

D. M. S.
PETREIA. FELICITAS
PIA. VIXIT. ANNIS. XXXVIII
M. X. DIEBVS. XII.

40

D. M. S.
BLANDVS. AVG. N̄
SER. PIVS. VIXIT
ANNIS. XXXV
H. S. E.

41

D. M. S.
L. CAECILI
VS. FELIX
VIX. AN. V. M. II
D. X.

42

D. M. S.
VIRTIA. PEREGRINA
PIA. VIXIT. ANN. XXXIV
MENS. III. DIEB. XVIII
H. S. E.

43

D. M. S.
CAMBIVS
PRIVATVS
PIVS. VIXIT
ANN. XXXV
H. S. E.

A la 5e ligne, I et T sont liés.

44

D. M. S.
VENERIA. PIA
VIXIT. AN. XXV
H. S. E.

Au revers de cette plaque tumulaire est gravée cette autre épitaphe :

45

D. M. S.
DORYPHORVS
PIVS. VIX. AN.
X. H. S. E.

46

D. M. S.
TVBERO. PIVS. VIX.
AN. XIIII. MEN. I. D. XVI

47

D. M. S.

Q. VEREIIVS. FE

LIX. PIVS. VIXIT

ANNIS. XLIII

M. II

H. S. E.

48

D. M. S.

T. FLAVIVS. ANICE

TVS. AVG. LIB. (1) PIVS. VI

XIT. ANN. LXXVII. MENS. X

DIES. V.   H. S. E.

49

D. M. S.

VALERIA

SIMFERVSA

PIA. VIXIT. ANIS *(sic)*

LV. M. II. D. XII

50

D. M. S.

FORTVNATVS

CAES. $\overline{\text{N}}$. SER. PAE

DAGOGVS. PIVS.

VIX. ANNIS. XCV

H. S. E.

---

(1) Libertus.

51

.... RNA. AVGGV

*(storum li)*B. VIXIT. ANNIS

(.... mensibus) III. DIEB. XIII

(h.   s.) E.

52

D. M. S.

VICTORIA. PIA. VI

XIT. ANNIS. VIIII

H. S. E.

SVCESSA. MATER. PIA. FEC.

53

DIS. MANIBVS. SACR.

L. AGILEVS. AMPLIATVS

PIVS. VIXIT. ANN. VIIII

H. S. E.

54

D. M. S.

FELIX. AVG. SER. SPICAE

F. PEDISEQ. PIVS. VIX.

AN. LXX.   H. S. E.

55

DIS. MANIB. SAC.

EPAPHRODITVS

AVG. VERNA. PIVS

VIXIT. ANNO. VNO

DIEBVS. XVII

O. DVLCIS. BVCCLI

H. S. E.

56

DIS. MANIBVS. SAC.
ECATE. PIA. VIXIT. ANNIS
XXVIIII. MENSES. VII. DIES. V
H. S. E.

57

D. M. S.
CILIX. AVGVSTORVM
NOSTRORVM. VER
NA. NOTARIVS. PIVS
VIX. ANN. XXX. D. V
H. S. E.

58

D. M. S.
IANVARIVS. AVGG. $\overline{\text{N}}$
VER. PIVS. VIX. ANN
VI. MENSES. VI. D. II. H. S. E.

59

D. M. S.
FORTVNATVS
AVG. VER. PIVS
VIX. ANN. XIII.
M. VI. D. XXVIII
H. S. E.

60

D. M. S.

DONATVS. AVG. VERN

PEDISECVS. PIVS

VIXIT. ANNIS. LXVIII

H. S. E.

61

DIS. MANIB. SACR.

IVLIA. SISSONIA. PIA.

VIXIT. ANN. XXXV.

H. S. E.

TEI. ROMANVS. CONIVCX *(sic)*

PIISSIME. SANCTISSIMAE

INDVLGENTISSIMAE. FICI *(sic)*

ITEM. FVNDANIAE. MINOR...

SOC. FECI. V. A. LXXXX. H. S. E.

62

Feli?) X. AVG

(lib. vel *ser. p)*IVS. VIXIT

annis) XXXX. HIC

situ) S   EST

63

D. M. S.

P. LICINIVS. THE

MISTOCLES QVI

ET. PROBATIVS. LIB

PROCILI. CRISPINI
PROC. AVGGG. BENE
MERENTI. CVPAM
FECIT

64

<table>
<tr><td>D. M. S.</td><td>FE. CIT. ROG.</td></tr>
<tr><td>PRI. MVS. CAES.</td><td>ATO. FRA. TRI.</td></tr>
<tr><td>N̄. SER. VVS. EX.</td><td>CA. RIS. SI. MO.</td></tr>
<tr><td>ER. CHI. TA. TOR.</td><td>SVO. VIX. AN.</td></tr>
<tr><td>CVR. SO. RVM.</td><td>NIS. LXX. MIII.</td></tr>
<tr><td></td><td>D. XV   H. S. E.</td></tr>
</table>

65

DIS. MAN. SACR.
FORTVNATVS. AVG. SER
PIVS. VIX. ANN. I. M. VI
D. X.   H. S. E.

66

D. M. S.
PRISCVS CAES. N̄. SER
ADIVTOR. TABVL. VIXIT
ANN. XXII. MENS. III. DIEB.
VII.   H. S. E.

67

D. M. S.
CASTVS. AVGG.
SER. LIBRARIVS
P. V. A. XIV. M. XI
D. XXIIII.   H. S. E.

68

D. M. S.
EVGRAMVS. AVGG.
VERN. ADIVT. TABVL.
PIVS. VIXIT. ANNIS
XXXIII. MENSIB. V
H. S. E.

69

D. M. S.
VICTOR AVG. SER. ADIVT.
A COMMENT. PIVS
VIX. ANN. XXVI
H. S. E.

70

D. M. S.
CINNAS. CAES
N̄. SER. VIX. AN
XII. H. S. E.

71

D. M. S.
FRVCTVOSA. CAES. N̄. SER
BENE. MERENTI. CONIV
GI. PIAE. VIX. ANN.
XXXII. MENS. V. FECIT
AELIVS. PRIMIGENIVS
H. S. E.

72

D. M. S.
VICTORIA. PIA
VIXIT. ANNIS
XXVII. MENS. III
H. S. E.

73

D. M. S.
FORTVNATVS. AVG. SER
PIVS. VIXIT. AN. LXX
H. S. E.

74

<table>
<tr><td>D. M. S.
EVTYCHES
VIXIT. ANN
LXXX
H. S. E.</td><td>D. M. S.
AMANDVS
AVG. VST. PIVS
VIXIT. ANN
LXXX
H. S. E.</td></tr>
</table>

75

II   D. M. S.
HILARA. AVG.
LIB. P. VIX. A. XXXX
II. M. V.   H. S. E.   FELIX
AVG. SER. CON. B. M. F. (1)

---

(1) Conjugi bene merenti fecit.

Au revers de cette plaque tumulaire, on lit :

76

.... ATER

.... ARI. ET. IN. CAMPO

.... NTVMQ. ET. EX. PECVN

.... PVLI. IVSSV. IN. ATRIO

.... VTA EST

Hauteur des lettres de la première ligne, 0ᵐ038 ; des autres lignes, 0ᵐ017.

77

D. M. S.

Q. CAMVRCIVS

FORTVNATVS

P. V. A. LIII.   H. S. E.

78

FLAVIA. AVG. LIB. SVCCESSA

PRINCEPS. AVG. SER. IIII. P. A. (1)

CONIVGI DVLCISSIMAE

DE SVO. FECIT. PIAE. VIXIT

ANNIS. XXXXV.   H. S. E.

79

D. M. S.

VTTEDIVS. FELIX

PIE. VIXIT ANN.

XLII. M. III. VTTE

DIA. ALEXANDRI

A. CONIVG. MER. FEC.

---

(1) Provinciæ africæ.

80

VICTORIA. PIA
VIXIT. ANN. IIII
H. S. E.
QVARTIO. PATER
PIVS. FECIT

81

D. M. S.
SVCCESSINA. VIXIT
ANNVM. MENSIB. SEX

82

.... ORICVS
(pius vixit) A. XXVI
M. IIII

83

D. M. S.
PRIMVLA. PIA. VIX.
ANN. VNO. M. II
D. X   H. S. E.
FACETIANVS. AVGG. TAB.
FECIT

84

D. M. S.
EMINENTI. AVG. *(ser.)* ADIVT. TABVL
QVI. VIXIT. ANNIS. XXX. M. VIIII
DIEBVS. SEXS   H. S.
PHAENIPPVS. FRATER. FECIT

85

D. M. S.

CAILVS. CAES. N̄. SER. TAB. PIVS

VIXIT. AN. XXVIII. DIES. XII

EVGENIA. CAES. N̄. SER. VXOR

ITEM. VIXIT. AN. XVIII. M. III

H. S. E.

86

D. M. S.

TITVS. FLAVIVS. QVARTIO

PIVS. VIXIT. ANN. L

H. S. E.

87

D. M. S.

IVLIVS TERMINALIS PIVS

VIXIT ANNIS LXXXI. M. V

D. IIII. CVRANTE. TERMINALE

NEPOTE. PER. PHAENIPPVM

AVG. N̄. ADIVT. TABVLAR

88

D. M. S.

FELIX CAESARIS. N̄

SER. DONATAE. FIL.

TABELLARIVS. PIVS

VIXIT. ANNIS. PLVS

MINVS. XXXX. VICTO

RIA. CONSERVA FECIT

89

D. M. S.

AVRELIA

ARMONIA

V. A. $\overline{V}$

90

DIS. MANIBVS. SACR.

ALEXANDER AVG.

SER

PIVS. VIXIT. ANN. III

MENSIBVS. XI

H. S. E.

91

DIS. MANIBVS. SACR.

CHRYSEROS. AVG. SER. PEDISEQ.

VIXIT. ANN. LX

H. S. E.

92

DIS. MANIBVS

SACRVM

SYNHETVS. AVG. *(ser.)* AEDIT

V. AN. LXXXXV. H. S. E.

93

DIS. MANIBVS. SACR.

ANTEROS. AVG. SER. PEDISEQ

PIVS. VIX. ANN. XXXX

FLAVIA. TYCHE. CONTVBERN

DE SVO FECIT.   H. S. E.

94

ROSARIA. PI
A. VIX. AN. III
M. VI. D. XV
D. M. S.

95

DIS. MANIBVS. SACR.
SECVNDA. AVG. SER.
VIX. ANNIS XXVIII
H. S. E.
VRBANVS. CONIVGI. KARISS. FEC.

96

DIS. MÁNIBVS
PECVLIARIS
PVERI. VIXIT
ANNIS. XIII
H. S. E.

97

ATTICA
CAESARIS. SER
PIA. VIX.
(sic) ANIS. X. · H. S. E.
VICTORIA
SORORI CARISSIM

98

DIS. MANIBVS. SACR.
VLPIA. PACATA. PIA. VIXIT
ANN. XXXI.   H. S. E.
ACCEPTVS. CONIVGI. KARAE. FECIT

99

D. M. S.
COREIA. CALE
. . . . ICE. PIA. VIX.
ANNIS. XXXII.   H. S. E.

100

D. M. S.
SIMPLEX CAES. $\overline{\text{N}}$. SER.
ADIVTOR. TABVLARIOR
PIVS. VIXIT. ANN. XXV
H. S. E.

101

DIS. MANIB.
SACR.
IANVARIA. PIA
VIXIT. ANN.
XVIII. MEN. VIII
H. S. E.

102

D. M. S.
CLEMENS. AVG. SER
PIVS. VIX. ANNO I
M. VI. FECIT. OPTATVS
PAT. FILIO. D. S. B. M. (1)

103

D. M. S.
AELIVS. AM
PHION. P. V.
ANN. XL. H. S. E.

104

DIIS. MANIB. SACR.
T. FLAVIVS. SVCCESSVS
PIVS. VIXIT. ANN. XXXV
H. S. E.

105

I. ROGATVS. FEC.
D. M. S.
IVLIA. ROGATA
V. AN. XXX
II E   IIIIMIAL
IMIVS. ANOR
VNV IC SITVS

---

(1) De suo, bene merenti.

106

D. M. S.

P. VETTIVS. FELIX

VIXIT. ANNO. VNO

MENSIBVS QVIN

QVE DIEBVS XXIIII

107

*(.....Aug)*VSTORVM

lib. vel *ser*........IVS. PIVS

(vixit annis) XLVI. M. VI

(h. s.) E.

108

D. M. S.

FAVSTVS. AVG. VER. TAB.

PIVS. VIX. ANN.

VICTORICVS. AVG. VER. PIVS. VIX

ANN. XL   M. IIII   D. V.

PATER FIL. PIISSIMO. FEC.

H. S. E.

109

D. M. S.

FORTVNATVS. PIVS. VIX

ANNIS. XII.   II. S. E.

PRIMVS. FRAT. ET. CONSER

FECIT

110

DIS. MANIB. SACR.
Q. CORNELIVS FELIX MACRIANVS
PIVS. VIXIT. AN. XXXVII.   H. S. E.
APPIA. QVADRATILLA
VXOR. PIA. FECIT

111

D. M. S.
FAVSTVS. AVG. SER
P. V. A. XXI. M. X. D. XXV
H. S. E.
FORTVNATVS. PATER
F. P. F.

112

DIS. MAN. SACR.
IVLIA VLTRIX. PIA
VIXIT. ANNIS. XXVIII
H. S. E.
ALVMNI. EIVS. OB. ME
RITVM. FECERVNT

113

DIS. MA. SAC.
COE. TVS. CHO
RENTVS. TABEL
PIVS. VIX. AN. XXIII
MEN. VIIII.   II. S. E.

114

D. M. S.

AVRELIVS

PRIMITIVVS

PIVS. VIX. AN. XXII

M. XI.   H. S. E.

115

D. M. S.

FLAVIVS FRATERNVS. MIL.

LEG. VII. G. F. APVLONI. VI

XIT. AN. XXVIII. MIL. AN. VIIII

H. S. E.

VALERIVS. FLAVVS. PRI

MIPILI. HERES F. C. (1)

116

D. M. S.

FORTVNATVS

PIVS. VIXIT. AN

NO. I. DIES. XLVII.

H. S. E.

117

FELIX. HERMETIS

AVG. VICARIVS

VIX. ANN. XXX

H. S. E.

---

(1) Faciendum curavit.

118

D. M. S.

NATALIS. AVG......

SER. TABELLAR......

VIXIT ANN(*is.....*)

H. S. *(e.)*

119

DIS. MAN. SAC.

FORTVNATVS. AVG.

SER. PEDISECVS

PIVS. VIX. ANN. XX

H. S. E.

120

D. M. S.

FORTVNATVS.

AVG. SER. PEDIS.

PIVS. VIX. AN

NIS. XXXIX.

H. S.

121

DIS. MANIBVS. SACR.

AEMILIA. QVINTA

PIA. VIXIT. ANN. XXXI

H. S. E.

122

DIS. MANIBVS. SACR.

FLAVIVS. DORYPIIORVS

PIVS. VIX. ANNIS. LXX

H. S. E.

123

DIS. MANIBVS. SACRVM

M. M. COCCEI. VERECVNDVS

ET. VERVS. PYTHAGORA. F. AVG.

LIB. PROC. $\overline{IIII}$. P. A. BENE MERENTI

H. S. E.

124

D. M. S.

M. VLPIVS. VLPIANVS

PVER. VIX. M. XI. DIEB.

XIIII. FECIT MATER

PIA CARISSIMA

H. S. E.

125

D. M. S.

PROCESSVS. CAES. $\overline{N}$. SER. ADI

A COM. PIVS. VIXIT. AN. XXXX

NVMISIA. BENEDICTA. F. CVR

H. S. E.

126

D.   M.   S.

IANVARIA. PIA

VIXIT. AN. XXI

D. XV.   II. S. E.

127

D.   M.   S.

FELICVLAE. BENE. ME

RENTI. CONIVGI. PI

AE. VIX. ANN. XXXVII

M. IIII. FECIT. AELIVS

SATVRVS.   H. S. E.

128

D.   M.   S.

ALEXANDER

VIX. ANN. XXII

H.   S.   E.

129

D.   M.   S.

AELIA. VENVSTA PIA VIX.

ANNIS XXIIII FECIT

SATVRVS. CONIVGI. BDM.

130

D.   M.   S.

PRISCVS. ALEXAN

DRI. PROC. SER

PIVS VIX. ANNO

M IIII. DIEB. XXVI

FEC. FELIX PAT.

Au revers de cette plaque, sont gravées deux grandes lettres VS, portion d'une inscription plus ancienne.

131

DIS. MANIB. SACR.

ABASCANTVLVS AVG. *(ser.)*

PIVS. VIXIT. ANNO. VNO

MENS. XI.   H. S. EST.

ABASCANTVS. AVG. PATER

FILIO. PIISSIMO. FECIT

132

D. M. S.

ABASCANTVS PIVS

VIX. ANNIS. LX

SECVNDINA. FILIA

PIA. VIX. ANNIS. XXXII

H. S. E.

133

D. M. *(s.)*

VALER*(ius. Mar)*

TIALI*(s. vixit.)*

ANN*(is...........)*

134

D. M. S.

MERCVRIVS. VIXIT

ANNIS. XXVII. DIES. X

HORIS VII. FECIT PATER

PIVS. HIC. SITVS. EST

135

D. M. S.
.... PVPI. NORICI
.... VIXIT. ANN. XXV

136

D. M. S.
VINDEX. AVG. SER. ADIVT.
TABVL. PIVS. VIXIT. ANN. L.
BENE. MERENTI. FECIT. SILVANVS
COLLEGA. H. S. E.

137

*(Dis. Ma)*NIBVS. *(Sacrum)*
....
*(..........A)*VG. LIB......

138

D. M. S.
VOLVSSIA. VITA
LICA. PIA. VIXIT
ANN. XVIII. MEN.
IIII. D. V. H. VIII. H. S. E.

139

D. M. S.
ANNEIA. APHRO
DISIA. PIA. VIX
ANN. XXXX
H. S. E.

140

(.........s)ERVVS....
(.......vi)XIT. ANNIS
(.........,mens.) XII
..........H. S. E.

141

(D.) M. S.
.... NVS. PAED(agogus)

142

....
(pi)VS. VIXIT. ANNI(s)
XXXXVIII
VITALIS. CONSER. FECIT

143

D. M. S.
VRBICA. AVG. (ser.)PIA. VIXIT
AN. XXX.   II. S. E.
VITALIS. CONIVGI.
PIISSIME. FECIT.

144

D. M. S.
FLAVIA. MAX. VIXIT
ANNIS. LXXXIII
VENVST. PIA. FECIT
H. S. E.

145

DIS. MANIB. SACR.

HELIODORVS. AVG. SER

PIVS. VIXIT. ANN. XXXX

H. S. E.

VICTORIA. CONIVNX *(sic)*. FEC.

146

DIS. MANIBVS. SACR.

LVCANVS. CAES. N̄.	IVLIA. FORTV
SER. PIVS. VIXIT	NATA. PIA. VIXIT
ANNIS. LXXXV	ANNIS. LXV

H. S. E.

147

DIS. MANIB. SACR.

NATALIS. AVG. SER

PIVS. VIXIT. ANN. XX

HELIODORVS. AVG. SER

PIVS. VIXIT. ANN. XXV

MATER. FECIT. H. S. E.

148

DIS. MANIB.

SACRVM

MINVCIAE. PRIMAE

QVAE. VIXIT. ANNIS

XXVI

NICODROMVS. AVG. *(ser.)*PIAE

ET. BENE. MERENTI. CONIVGI

FECIT

Sur la face opposée à cette inscription, en est une autre qui est la plus longue que nous ayons trouvée dans cette nécropole :

149

DIS. MAN. SAC.

MINICIAE. PRIMAE. QVAE. VIXIT

ANNIS. XXVI. NICODROMVS. AVG.

PIAE ET BENE MERENTI VXORI FECIT

PRIMA AETATE TVA RAPTA ES KARISSIMA CONIVNX

ANNIS BIS DENIS ET SEX TIBI VITA PROBATA EST

ROMA TIBI GENVS EST FATVM FVIT VT LIBYS ESSES

DVCERIS AD STYGIAM NVNC MISERANDA RATEM

INQVE TVO TRISTIS VERSATVR PECTORE LETHE

VT NON COGNOSCAS ME MISERANDA PIVM

MVNVS ERAT FORTVNATVVM SERVARE PVDICAM

ET POTERAS AMBOS ITALIAE DARE TV

A MVLTIS FLETV RENOVAVERIS O BONA SIMPLEX

CVM TE IN CONSPECTV NON HABEAM COMITEM

H.   S.   E.

150

DIS. MAN. SACR.

SATVRNINVS. AVG.

TABELLAR. PIVS

V. A. XXV.   H. S. E.

151

DIS. MANIBVS. SACRVM.

CLAVDIAE. TI. F. FVRESIS. PIA. VIX.

ANN. XVII. VALENTINVS. EX

NVMERO. CVBICVLARIORVM. AVG.
FECIT. VXORI. CARISSIMAE. ET. OB
MERITIS. QVOD. SE. SECVTA. ESSET
IN PROVINCIA. AFRICA.   H. S. E.

152

D. M. S.
I. VALERI
VS VIX. A. I. M
II. D. XV

153

DIS. MANIBVS. SACR.
ANTEROS. PIVS. VIXIT
ANNIS. IIII MEN. VII
H. S. E.

154

D. M. S.
OPTATVS. AVG. LIB. PAE
DAGOGVS. PIVS. VIXIT
AN. XXXXV. M. IIII
H. S. E.

155

DIIS. MANIB. SACR.
IVLIA. GAMICE. PIA. V. A. $\overline{II}$
IVLIVS. CALLISTINVS. FRATER
PIVS VIX. ANN. $\overline{I}$. MEN. $\overline{I}$
H. S. E.

156

D. M. S.

AMANTIANVS. PI

VS. VIXIT. ANN. X.

*(me)*NSIBVS. III.

*(die)*S.   X.

157

D. M. S.

VICTORIA. CAES. $\overline{\text{N}}$. SER

PIA. VIXIT. ANN. LXXXI. D. VI.

H. S. E.

158

D. M. S.

VICTORI ET VRBICAE

AVG. SER. PARENTIBVS

PIISSIMIS. IVCVNDVS

AVG. LIB. ADIVT. A. CO

GNITIONIBVS. QVO

VSQVE. SPATIVM. PER

MISIT. RENOVAVIT

VICTOR. VIX. ANN. CII. VRBICA.

AVTEM. VIX. ANN. LXXX

H. S.

159

D. M. S.

C. PET. GANIS

VIXIT. ANN. V

H. S. E.

160

D. M. S.

HILARVS. AVG. SER

PIVS. VIXIT. ANN.

X. MENS. VI. DIEB.

VI

H. S. E.

161

D. M. S.

PRIMVS. QVIET. BOTI

NVS. PIVS. VIX. AN. VII

MENS. V. DIEB. XXVI

H. S. E.

162

DIS. MAN. SACR.

SALVIVS. AVG. SER

PIVS. VIXIT. AN. LX

AMABILIS. CONIVGI

CARISSIMO. FECIT

H. S. E.

163

D. M. S.

AMABILIS. AVG.

PIA. VIX. ANNIS

XXXVIIII

H. S. E.

164

(D)IS. MA*(nibus. Sacrum)*

FELIX..........

PIVS. *(vixit.........)*

165

D. M. S.

COMMVNIS. PIVS.

VIXIT. ANNIS.

VIII

H. S. E.

166

DIS. MANIB. SACR.

ALEXANDER. TABELL.

AVG. SER. PIVS. VIX.

ANN. XXV.   H. S. E.

PRIMIGENIA. MAT. FEC.

167

DIS. MANIB. SACR.

IANVARIVS

PIVS. VIXIT. AN

NIS. VIIII

H. S. E.

168

DIS. MANIBVS. SAC.

IANVARIVS. PIVS.

VIXIT. ANN. XLV

MENSIBVS. SEXS.

DIEBVS. XXII

H. S. E.

169

D. M. S.

FVSCVS. AVG. VERN.

PIVS. VIXIT. ANN. LXVIII

H. S. E.

170

D. M. *(S.)*

AECVS. PIVS. *(vixit).*

*(ann)*IS. LXV. M. VII...

*(Fe)*LIX. FIL. PIVS. VIX.

ANNIS. XXV. M. VII.

*(U)*RBANVS. FIL. PIVS. VIX.

ANNIS. XXII. M. IIII.

M. P. F.

171

DIS. *(Manibus. Sacrum.)*

GEMELLV*(s..... vixit.)*

ANNIS. LX...... *(Gemel-*

LVS. FIL. PAT*(ri......)*

172

...... MIO ......

*(....Ca)*ESARIS. *(ser*. vel *lib......*

173

DIS. MANIBVS. SACR.

SATVRNINA. PIA. VIXIT.

ANNIS. XVIII.   H. S. E.

FECIT. PRIMVS. PATER.

174

DIS. MANIB. SACR.
T. FLAVIVS. DAPNVS. AVG.
LIB. AGRIMENSOR. PIVS.
VIX. ANN. LXXXX.
IVLIA. FORTVNATA. VIRO. PIISSIMO.
FECIT. H. S. E.

175

DIS. MANIBVS.
SACRVM.
EXTRICATA. AVG. SER.
PIA. VIX. ANN. XL. H. S. E.
PRIMVS. AVG. *(ser.)* MERENTI. CONIVGI.

176

D. M. S.
QVIETA. AVG.
PIA. VIX. AN. LX.
H. S. E.

177

DIIS. MANIBVS.
SACR.
DIDYMVS. AVG. SER.
MENSOR. AGRARIVS.
PIVS. VIX. AN. XLVI.
H. S. E.
IVLIA. PRIMIGINIA. VXOR. D. S. F.

178

DIS. MANIBVS. SACRVM.
FELIX. CAESARIS. N̄. SER.
PIVS. VIX. ANN. V.
. H. S. E.
AMIANIVS. PATER. FECIT.

179

DIS. MANIBVS.
SACR.
PROTVS. CAES. N̄. SER.
VIXIT. ANNIS. III.
HILARA. CAES. N̄.
SER. VIXIT. ANN. II.
IANVARIVS. CAES. N̄. SER.
FILIIS. SVIS. FECIT. H. S. S.

180

D. M. S.
AMANDVS
(Cae)SARIS. N̄. SER.
(piu)S. VIXIT. ANN.
..... H. S. E.

181

DIS. MANIBVS. SACR.
APRILIS. AVG. SER.
PIA. VIX. ANN. LX.
H. S. E.
IVCVNDVS. CONIVGI.
PIAE. MERITAE. FEC.

182

(Dis.) MAN. SAC.
LEZBIA. AVG. SER.
PIA. VIX. AN. XXVI
II. S. EST.

183

DIS. MANIB. SACR.
ALEXANDER. CAES. $\overline{\text{N}}$.
SER. NOTARIVS. PIVS.
VIX. ANN. XL. H. S. E.
FLAVIA. ATALANTE.
CONIVGI. DE. SVO. FECIT.

184

PATER. PIE. FECIT.
IVCVNDO. AN.
NORVM. XX.

185

D. M. S.
RVTILIA. FAVSTA. PIA.
VIXIT. ANNIS. XXXIII.
H. S. E.

186

DIS. MANIBVS. SACRVM.
T. FLAVIVS. AVG. LIB. TERTIVS.
TABVL. PIVS. VIXIT. ANNIS. LXX.
H. S. E.

187

D. M. S.

DAMA. CAESA.

RIS. N̄. SER. VIX.

ANNIS. LXX.

H. S. E.

188

DIS. MANIBVS. SACRVM.

T. FLAVIVS. AVG. LIB. LAETVS.

TABVL, PIVS. VIXIT. ANNIS. LXX,

H. S. E.

189

DIS. MANIB. SACRVM.

IVLIA. TERTVLLA. PIA. VIXIT.

ANNIS. XXXII.   H. S. E.

PHAENIPPVS. AVG. *(ser.)* MERENTI.

CONIVGI.

190

O.   D. M. S.   T.
T.   SECVNDVLA.   T.
B.   L.
Q.   PIA. VIX. ANN. L
       IIII. D. XVI. H. S. E.   S.

191

,   D. M. S.

IRENE. PIA. VIX.

M. V. D. II.

H. S. E.

192

DIS. MAN*(ibus. Sacrum.)*
*(C)*AECILIA. NEMESIS.
VIXIT. ANNIS. IIII.
MES. VIII. DIE*(bus......)*

193

D. M. S.
IANVARIVS. AVG. SER.
PIVS. VIXIT. ANNIS. XXVIII.
MENSIBVS. X.
H. S. E.

194

D. M. S.
AELIVS. PRIMI.
TIVVS. VIXIT. AN
NIS. XXX. MEN. DVO
B. D. XV. IVLIA. EVPLIA.
BENE. MERENTI. CON
IVGI. FEC. DEQ. N. Q. EST.
H. S. E.

195

D. M. S.
VITALICA. AVG. SER.
PIA. VIX. ANNI. XXVI.
MENS. V. DIEB. III.
H. · S. E.

196

D. M. S.

TERENTIA.. LAIS. PIA. VIXIT.

ANNIS. XXIII.

TERENTIVS. ALCIMVS.

CONIVGI. PIISSIMAE.

ET. FIDELISSIMAE.

H. S. E.

197

D. M. *(S.)*

AC......... O.........

NICA. PIA. VIXI*(t.)*

ANNIS. XXII.

H. S. E.

198

DIS. MANIBVS.

SACRVM.

FORTVNATVS. AVG. SER.

VIXIT. ANNIS. XXVI.

H. S. E.

199

DIS. MANIBVS.

SACRVM.

FAVOR. AVG. SER.

PIVS. VIXIT. AN. LXX.

H. S. EST.

200

DIS. MANIB.

SACRVM.

FAVSTINVS.

AVG. SER. PIVS.

VIXIT. ANNIS.

XVIII. H. S. E.

201

D. M. S.

SECVNDINO.

MARITO. VIX. AN.

XXIII.

EVPLIA. P.......

202

D. M. S.

IMLIA. RV.

FINA. PIA. VI

XIT. ANNIS.

XXXV. PLVS.

MINVS.

Au revers de cette plaque, sont gravées deux belles lettres, IT, débris d'une inscription antérieure à l'épitaphe.

203

(*Dis.*) MANIBVS. SACR.

........ADAVCTA.

(*vixit. an*)NIS. XXXXX....

204

DIS. M*(anibus. Sacrum.)*

SI..............

CAE*(saris. ser.* vel *lib.......)*

205

D. M. S.

P. AELIVS. VICTOR.

MESOR. AGROR. P. V.

ANNIS. XXXXVIIII.

QVARTIO. FRATER. P. F.

H. S. E.

206

D. M. S.

FAVSTILIA. P. V. A.

XLVIII. DIDYMVS. P. F.

H. S. E.

207

D. M. S.

C. GEMINIVS. ASIATICVS.

PIVS. VIXIT. AN. VI.

ASIATICVS. PATER. PIVS.

FECIT.   H. S. E.

208

D. M. S.

T. FLAVIVS. APSENS.

MESOR. AGROR.

PIVS. V. A. XXVI.

H. S. E.

209

FORTVNATVS. CAESARIS. SER.
CVSTOS. TABVLARI. P. VIXIT.
ANNIS. XXXXV.   H. S. E.
VICTORIA. CONTVBERNALI.
PIO. FECIT.

210

D. M. S.
POMPEIA. VIC
TORIA. VIXIT.
ANN. L.

211

VITALIS.
AVG. SERVA.
PIA. VIX.
ANNIS. XVII.
H. S. E.

212

REPENTINVS.
PIVS. VIXIT. AN. XIIII.
VICTOR. PIVS.
VIXIT. ANN. II.
H. S. E.

213

D. M. S.
AVRELIVS. GEMEL.
LVS. PIVS. VIXIT.

ANNIS. XXXVI. VXOR.

PIISSIMA. FECIT.

H.   S.   E.

214

HELIODORVS. AVG.

SER. LIBRARIVS.

PIVS. VIX. ANN. XXI.

. . . .

215

FECERV*(nt.....)*

TE. QVI. PRECOR. VT. A.

216

DIS. MA*(nibus. Sacrum.)*

*(Pri)*MIGENIVS.

*(vi)*X. ANN. XXVIII.

(h. s.) E.

217

FORTVNATVS.

AVG. SER. LIBR. PIVS.

VIXIT. ANNIS. XXXIX.

H.   S.   E.

218

DIS. MANIBVS. SACR.

SALVIVS. AVG. SERVVS.

ADIVTOR. TABVLAR.

VIXIT. ANN. XXXX.

H.   S.   E.

219

FAVSTVS. CAESA.
RIS. SER. SPERATI.
AEDITVI. F. V. A. V.
H. S. E.

220

DIS. MAN. SAC.
TERTIVS. AVG. SER.
PIVS. VIXIT. ANN. XXII.
H. S. E.

221

D. M. S.
RVFILLA. HONORATI. FIL.
VIXIT. ANNIS.
XXXV.   H. S. E.

222

D. M. S.
P. AELIVS. PRIMVS.
FIL. DVLCISSIMVS.
VIXIT. ANN. XXIII.
H. S. E.

223

D. M. S.
VICTORIA.
VIX. ANNIS.
XXII. M. VII.
H. S. E.

224

CRESCENS. AVG. SER.

EXTABELLARIS. PIVS.

VIXIT. ANN. XLV. FELI

CITAS. FILIA. PIO.

PATRI. FECIT.

H. S. E.

225

D. M. *(S.)*

LVCIL*(l......)*

P. VIXIT. AN

NIS. II. M. III.

D. VII.

226

CALETYCHE. AVG.

SER. PIA. VIX. AN.

XXX.   H. S. E.

FAVSTVS. CONS. PIAE.

227

D. M. *(S.)*

AELIA. N.........

228

.........HVS. PATER.

.........PIVS. FECIT.

229

D.   M.   S.

ROSCIATA. EMILI

AE. FILIAE. DVLCISSI

MAE. QVAE. VIXIT. AN

NIS. XXI. MENSIB. II. D. XXVIII.

AEMILIANIM. P. F. MATER.

230

D.   M.   S.

BAEBIA. NEMESIS.

PIA. VIXIT. ANN.

XXX.

H.   S.   E.

231

D.   M.   S.

FLAVIA. TYCE. PIA. VIXIT. ANNIS.

LXXVII. Q. BENNIVS. RESTVTVS.

CONIVGI. FECIT.   H.   S.   E.

232

FELIX. CAESARIS. *(Nostri.)*

SER. PIVS. VIXIT. ANN*(is.)*

II.   H.   S.   E.

DASSIVS. ET. NYMPHE.

PARENTES. FECERVNT.

233

IVLIVS. HERACLEON.

IVLIAE. ZOZIME.

M.   B.   M.

234

(D.) M. (S.)
(Fortu)NATA. AVG. LI
(berta.) VIXIT. ANNIS.
.... I. MENSIBVS. VI.
(Die)BVS. XVIIII.
(H.) S. E.

235

D. M. S.
AVR. CRESCENTIA.
PIA. VIX. ANNIS.
LV. MEN. VIIII.
AVR. VICTORICVS.
PIVS. VIX. ANNIS.
II. ME. VIIII. H. I. S.

236

C. IVLIVS. C. L. HERMA.
PIVS. VIX. ANN. LX.
H. S. E.

237

C. IVLIVS. ROGATVS. VETER.
PIVS. VIX. ANN. LXXX.
H. S. E.

238

DIS. MANIBVS.
THEODORI.
FAMILIA. L. SCRIBONI.
RAVI. CASSIANI.
CONSER. B. M.

239

FLAVIAE. FORTVNATAE.
MATRI. PIISSIMAE. FECIT.
VIX. ANN. LX.
PRIMIGENIVS. AVG. *(ser.)*
TABELLARIVS. INPESA.
II. S. E.   SVA.

240

D. M. S.
SPENDVSA. AVG.
PIA. VIXIT. ANNIS.
XXXII.
H. S. E.

241

SALVIAN*(us* vel *Salviana. Cæsaris.)*
N̄. SER. *(pius.* vel *pia. vixit.)*
ANNIS.........
II. *(s. e.)*

242

.... VIX. AN(*nis*.......)

H. S. E.

.... ANIA. AMOE.

(.........*u*)XOR. PIA........

243

DIS. MANIBVS. SACR.

SOSIME. PIA. VIXIT. AN.

XXII. ALBINVS. PIAE.

CONIVG. FECIT. H. S. E.

S. T. T. L.

244

CLARVS. CAES. N̄. SER.

LIBR. VIXIT. ANN. XXV.

H. S. E.

245

DIS. MAN. SACR.

FLAVIA. FELICVLA.

PIA. VIX. AN. LXX.

H. S. E.

246

D. M. S.

FELIX. AVG. *(ser.)*

TRIMVS. H. S. E.

247

DIS. MAN. SACR.

M. VLPIVS. CLARVS.

CAESARIS. N̄. LIB.

PIVS. VIX. ANN. LX.

H. S. E.

248

ATTALVS. CAESARIS. SER.

LIBRARIVS. P. V. ANN.

XVIIII.

HOC. MATER. PIA. F.

249

DIS. MANIBVS. SAC.

CAMPANVS. CAES. N̄. SER.

PEDISECVS. PIVS. V. A. LV.

H. S. E.

FLAVIA. CONTIBERNALI. PIO. FEC.

250

D. M. S.

RECEPTVS. AVG. *(ser.)*

LIBRARIVS. VIX.

ANNIS. XXVI. M. V.

RECEPTVS. PATER.

251

D. M. S.

PRIMIGENIA. AVG. *(ser.)* PIA.

VIXIT. ANNIS. L. P. M.

PRIMVS. FIL. PIVS. FECIT.

H. S. E.

252

D. M. S.
SECVNDVS. AVG.
SER. VIXIT. ANNIS.
XVIII. AELIA. FORTV
NATA. MATER. PIA. ME
RENTI. FILIO. FECIT.

253

D. M. S.
PRIMVS. AVG. SER. ADIVT. TAB.
P. V. A. XXXXIII. VICTORIA. FIL.
P. V. A. VIII. PRIMIGENIA. FIL.
P. V. A. III. FORTVNATA. AVG. LIB.
VIRO. ET. FIL. MERENTIB. FECIT.
H. S. S.

254

D. M. S.
GEMELIVS. *(Caesaris. nostri.)*
SER. PIVS. V*(ixit.)*
ANNIS. XII......
H. S. E.

255

DIS. MANIBVS. SACRVM.
AFRICANVS. CAES. *(ser.)* ADIVTOR.
TABVLARIOR. FISCI. CASTRENSIS.
PIVS. VIXIT. AN. XXII.
FECIT. *(Afric)*ANVS. PATER.

256

DIS. MANIBVS.

SACRVM.

SALVIVS. PIVS.

VIXIT. ANNIS. II.'

H.   S.   E.

257

D.   M.   S.

M. AVFIDIVS.

RVSTICVS. P. V.

ANNO. I. M. VII.

H.   S.   E.

258

DIS. MAN. SACR.

VICTOR. CAESARIS.

N̄. SER. PIVS. VIXIT.

ANNIS. XVIII.

H.   S.   E.

259

GEME*(lia. Caesaris. nostri. ser)*

VA. VI*(xit annis.......)*

H.   S.   E.

GEMELIVS.......

260

DIS. MANIBVS.

SACRVM.

P. AELIVS. BENE

NATVS. PIVS. VIXIT.

ANIS. IIII.

261

D. M. S.
P. AELIVS. AVGVSTORVM.
LIB. FELIX.
VIXIT. ANNIS. LXXVI. MEN. VIIII.
DIEBVS. III. HORIS. XII.
OSTORIA. PROCVLA. BENE.
MERENTI. CONIVGI. DE. QVO.
NIHIL. QVESTA. EST. H. S. E.

262

D. M. S.
QVIETVS. AVG. VERN.
ADIVTOR. TABVLAR.
PIVS. VIXIT. ANN.
XXXXIII. M. VII.
H. S. E.

263

D. M. S.
MARTIALIS. AVG. SER.
PIVS. VIXIT. AN. XXXV.
MENS. VII. F. CON.
H. S. E.

264

(*Dis. Ma*)NIB. SACRVM.
. . . . PIA. VIX. AN. XXII.
. . . . ATER. MER. FECIT.

265

DIS. MAN. SAC.

VLPIA. MVSA. PIA.

VIX. ANN. XXXXV.

II. S. E.

Au revers de cette plaque, sont gravés plusieurs animaux, qui semblent être les débuts de quelque enfant. On reconnaît, parmi ces figures, celles d'un coq et d'un scorpion.

266

D. M. S.

IVLIA. CAMPANA.

PIA. VIXIT. ANNIS.

XXXV. M. VI. D. IIX.

H. S. E.

267

D. M. S.

IVLIA. CAMPANV

LA. VIX. ANN. V.

M. V. D. X. H. S. E.

268

T.	D. M. S.	O.
T.	BLANDVS. PIVS.	T.
L.	VIX. ANN. XVIII.	B.
S.	DIEB. XXXIII. Q. PO	Q.
	ST. DECES. MAT.	
	SVAE. VIX. MES. VI.	
	DIEB. XXIII. H. S. E.	

269

DIS. M. SACR.

VICTOR. VIXIT.

AN. V. H. S. E.

270

D. M. S.

FORTVNATA.

PIA. VIXIT. ANN. XV.

H. S. E. CVRA. PATR

IS. PIENTISSIMVS. F.

271

DIS. MANIB. SACR.

THYMETICVS. AVG.

SER. PIVS. VIXIT. ANN.

VII. H. S. E. FELIX.

PATER. PIISSIMO. FILIO. FECIT.

272

DIS. MANIBVS. SAC.

QVIETA. AVG. SER.

PIA. VIXIT. AN. XIX.

H. S. E.

273

(*Diis Manib*)VS. SACR.

. . . . IA. FORTVNATA. PIA.

(*vi*)XIT. ANNIS. VIII. M. I. D. XX.

(*Fort*)VNATVS. PATER. PIAE. FECIT.

(*h.*) S. E.

274

D. M. S.
QVINTIO. AVG. S.
PIVS. VIX. AN.
LXXXV. H. S. E.

275

DIS. MANIBVS. SACR.
QVINTIO. PIVS. VIXIT.
ANNIS. XVIII. H. S. E.

276

D. M. S.
EVGENES. AVG. SER. PIVS.
VIX. ANN. LX.
H. S. E.

277

DIS. MANIBVS. SACRVM.
VICTOR. CAESARIS. N̄.
SER. VIXIT. ANNIS.
XVIII. QVINTIO. PATER.
PIVS. FECIT.

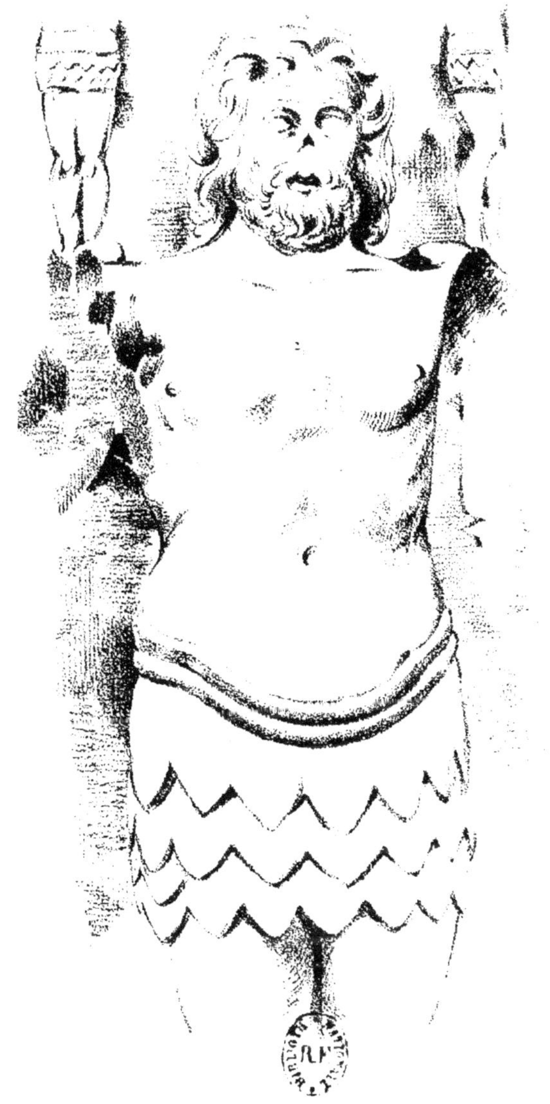

BAS-RELIEF PUNIQUE

Découvert en 1860

Dans les ruines de Carthage.

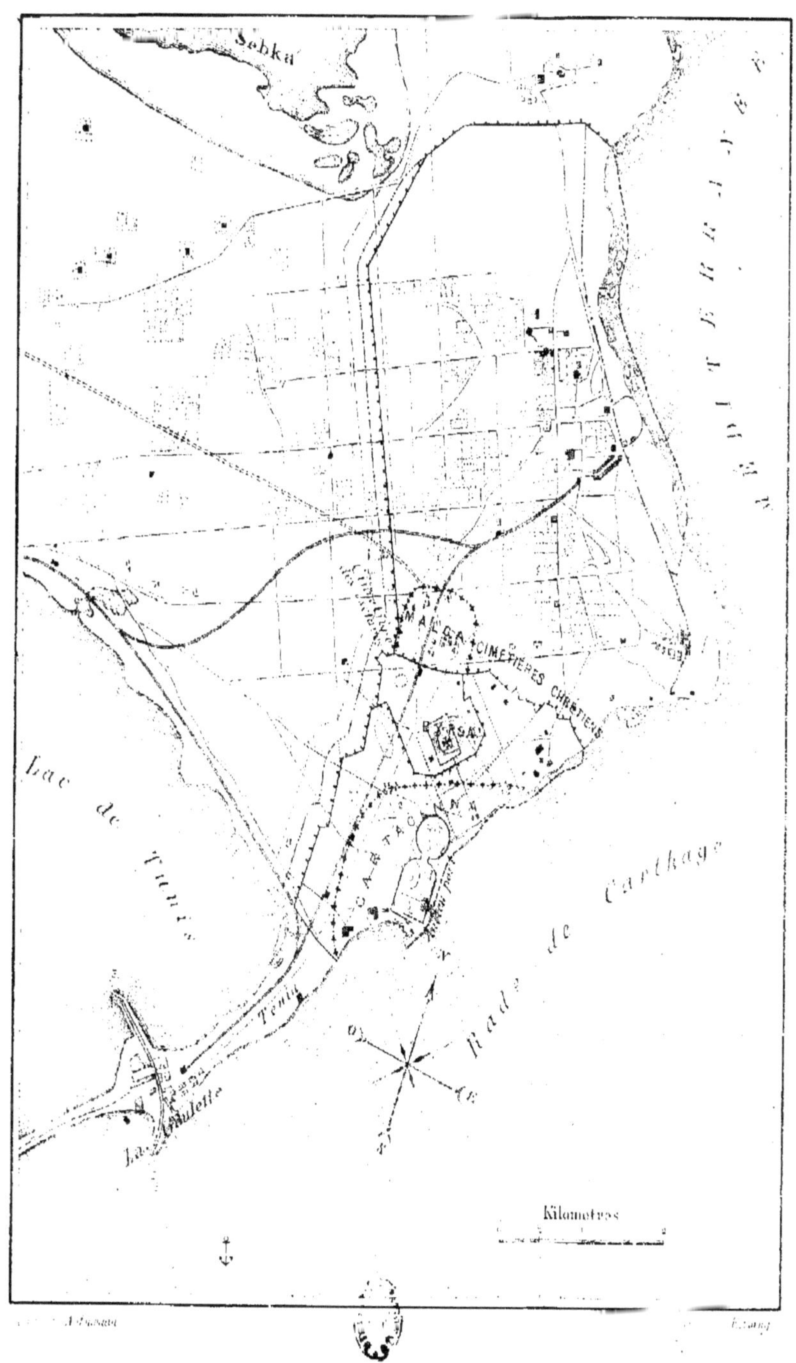

PLAN DE CARTHAGE.

Anciens murs de la ville et des faubourgs de Carthage Punique.

Limites des deux quartiers primitifs de Carthage Numide et Punique.

PIÈCES JUSTIFICATIVES

N.° IV.

Détails du Tombeau ionique

découvert sur la Colline de Byrsa

en 1860.

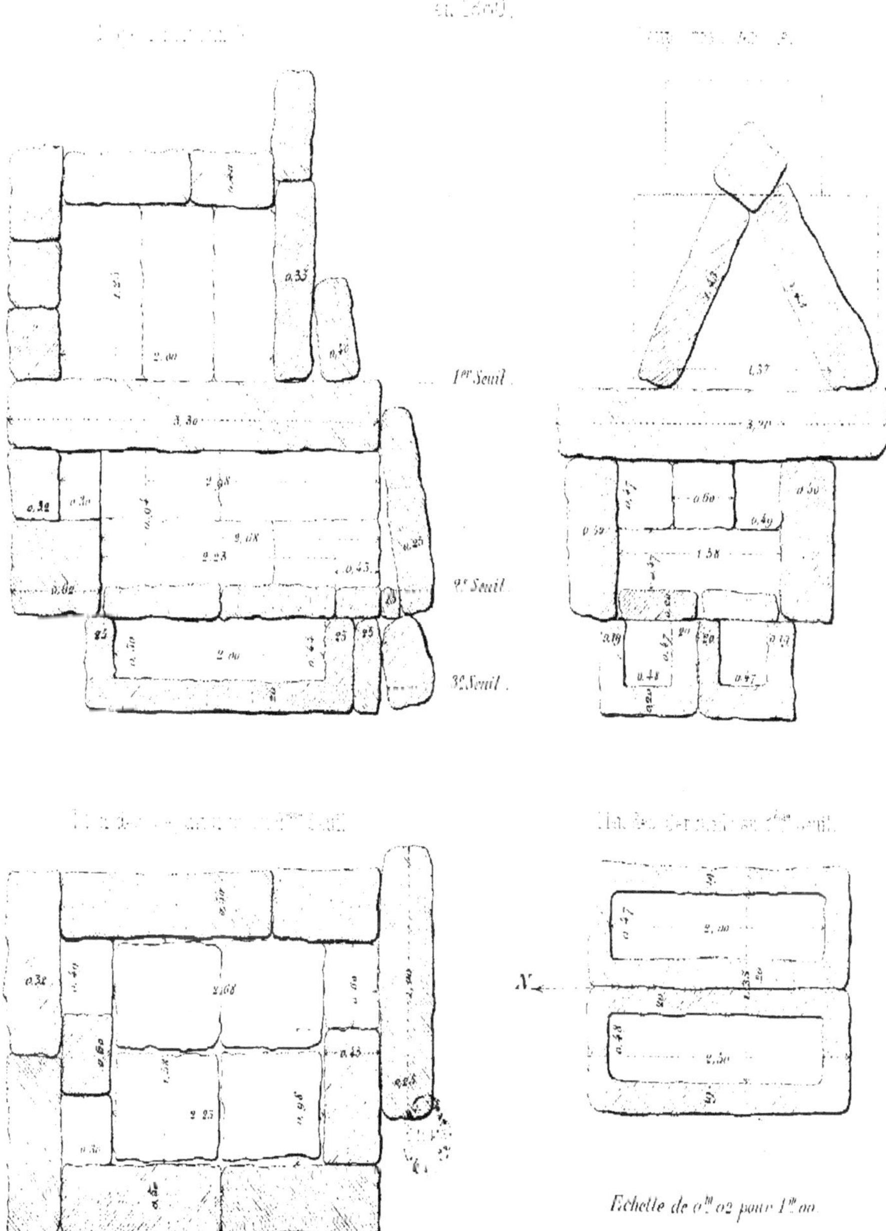

Échelle de 0.ᵐ 02 pour 1.ᵐ 00.

... REPRESENTANT UNE SAINTE MARTYRE

Découverte en 1881 a Carthage

Dans un cimetière Chrétien des premiers siècles